Introducción a las redes

Charles Severance

Créditos

Ilustraciones: Mauro Toselli
Soporte editorial: Sue Blumenberg
Diseño de portada: Aimee Andrion
Traducción al español: Fernando Tardío

Las ilustraciones SketchNote fueron creadas en un iPad usando *Paper* de www.fiftythree.com, con ayuda de un stylus (lápiz óptico). Las ilustraciones han sido convertidas desde PNG a formatos vectoriales SVG y EPS, usando www.vectormagic.com. Los esquemas técnicos del libro se han creado con OmniGraffle.

Historial de impresiones

25-Mayo-2015 Impresión original - CreateSpace

Detalles sobre el copyright

Los derechos de reproducción de este libro pertenecen a Charles R. Severance.

La versión en papel/impresa de este libro ha sido licenciada bajo una licencia Creative Commons Attribution-NonCommercial 4.0 International License. Se concede permiso específicamente para realizar copias cuando sea necesario de la totalidad o una parte de los materiales de este libro para utilizarlos como parte de un curso o como material para un curso.

http://creativecommons.org/licenses/by-nc/4.0

Las copias electrónicas de este libro en EPUB, PDF, y HTML están protegidas con una licencia Creative Commons Attribution 4.0 International License.

http://creativecommons.org/licenses/by/4.0/

Si estás interesado en traducir este libro a un idioma distinto del inglés, por favor ponte en contacto conmigo. Estoy dispuesto a ceder los derechos de distribución de impresión comercial sobre una traducción seria y completa.

Prefacio

El objetivo de este libro es proporcionar una comprensión básica del diseño técnico y la arquitectura de Internet. El libro está dirigido a todo tipo de lectores – incluso a aquellos que no disponen de ninguna experiencia previa en temas técnicos o sin conocimientos matemáticos. Internet tiene un diseño increíblemente hermoso y este debería ser entendido por cualquiera que lo utilice.

A pesar de que este libro no trata sobre los certificados Network+ ni CCNA, espero que sirva para que los estudiantes interesados en esos certificados dispongan de un buen punto de partida.

Quiero hacer constar mi agradecimiento a Pamela Fox, de la Khan Academy, por haber tenido la idea de realizar un curso de introducción a la tecnología de redes usando materiales libres.

Este texto fue desarrollado inicialmente por mí como material docente para una de las semanas del curso *SI502 - Networked Computing* (Redes Informáticas), que comencé a impartir en el 2008 en la Escuela de Información de la Universidad de Michigan. Posteriormente mejoré y amplié el material hasta cubrir las tres semanas de duración del curso sobre la Historia de Internet, Tecnología y Seguridad (IHTS), que he impartido a más de 100.000 estudiantes en Coursera, desde el año 2012. Este libro añade detalles adicionales para crear un texto independiente, que pueda ser leído por diversión o usado como apoyo en cualquier curso de introducción centrado en la arquitectura de Internet.

Trabajar en este libro ha sido particularmente divertido, ya que se trata de una colaboración con mis amigos Mauro Toselli (@xlontrax) y Sue Blumenberg. Conocí a Mauro y a Sue en 2012, cuando se convirtieron en asistentes técnicos voluntarios de la comunidad (CTAs) de mi curso IHTS en Coursera. A lo largo de los tres últimos años se han convertido en mis amigos y colegas. Se trata de un gran ejemplo sobre cómo la educación abierta puede reunir a la gente.

Existe material de apoyo para este libro en

http://www.net-intro.com/

Si te gusta el libro, háznoslo saber. Envíanos un tweet contándonos lo que opinas. Puedes también enviarnos un tweet si encuentras algún error en el libro.

Charles R. Severance (@drchuck)
www.dr-chuck.com

Ann Arbor, MI USA
May 20, 2015

Acerca de la traducción al español

No resulta fácil traducir a otro idioma un libro sobre informática. Hay muchos términos técnicos, y muchas veces surge la duda de si es mejor traducirlos al español o dejarlos en inglés, ya que mucha gente hispanohablante los conoce así. También está el problema de qué traducción concreta utilizar para esos términos, porque en ocasiones hay palabras cuya traducción puede ser diferente en distintos ámbitos geográficos. El ejemplo más obvio es la palabra *computer*, que dependiendo del país puede ser traducido como "computadora", "computador", u "ordenador". En ese caso concreto he optado por utilizar el término común *equipo*, *dispositivo*, o bien *computadora*, que si bien puede no resultar del todo familiar a una parte de los lectores, creo que es el más extendido entre la comunidad hispanohablante.

A lo largo de este libro, siempre que ha sido posible, he intentado utilizar los términos más comunes que he sido capaz de encontrar (o los que yo he estimado que eran más comunes), acompañados a veces por traducciones adicionales alternativas, para dejar claro a qué se refieren. Para ciertos términos técnicos he usado como traducción "oficial" la que se puede encontrar en wikipedia, y generalmente la he acompañado del término original en inglés para evitar confusiones.

Mi intención en todo momento ha sido intentar que la traducción pudiera resultarle útil a cualquier persona hispanohablante, por lo que he tratado siempre de unificar términos y huir de modismos y expresiones locales. Seguramente no lo habré conseguido al 100%, pero me conformo si he conseguido ayudar a salvar la barrera del idioma a cualquier persona interesada en conocer de verdad *cómo funciona Internet*.

Fernando Tardío (@fertardio)

Índice general

1. Introducción   **1**
    1.1. Comunicación a distancia 1
    1.2. Las computadoras se comunican de forma diferente . 4
    1.3. Primeras redes de área amplia de almacenamiento-y-reenvío 5
    1.4. Paquetes y routers 6
    1.5. Direccionamiento y paquetes 8
    1.6. Juntando todo 9
    1.7. Glosario 10
    1.8. Cuestionario 11

2. La arquitectura de la red   **15**
    2.1. La capa de Acceso al medio 16
    2.2. La Capa de Internet (IP) 19
    2.3. La Capa de Transporte (TCP) 21
    2.4. La Capa de Aplicación 22
    2.5. Apilado de Capas 24
    2.6. Glosario 25
    2.7. Cuestionario 25

3. La Capa de Acceso al medio   **29**
    3.1. Compartiendo el aire 30
    3.2. Cortesía y coordinación 32
    3.3. Coordinación en otras capas de Acceso 34
    3.4. Resumen 35

- 3.5. Glosario 36
- 3.6. Cuestionario 36

4. La Capa de Internet (IP)   39
- 4.1. Direcciones de Protocolo de Internet (IP) 41
- 4.2. Cómo determinan las rutas los routers 43
- 4.3. Cuando las cosas empeoran y mejoran 44
- 4.4. Trazando tu ruta 46
- 4.5. Obteniendo una dirección IP 50
- 4.6. Un modo diferente de reutilizar direcciones 52
- 4.7. Asignación de direcciones IP globales 53
- 4.8. Resumen 54
- 4.9. Glosario 55
- 4.10 Cuestionario 56

5. El Sistema de Nombres de Dominio   63
- 5.1. Asignación de nombres de dominio 64
- 5.2. Lectura de nombres de dominios 64
- 5.3. Resumen 66
- 5.4. Glosario 66
- 5.5. Cuestionario 67

6. La Capa de Transporte   69
- 6.1. Cabeceras de paquetes 70
- 6.2. Reensamblado y reenvío de paquetes 71
- 6.3. La Capa de Transporte en funcionamiento 73
- 6.4. Aplicaciones clientes y servidores 74
- 6.5. Aplicaciones servidor y puertos 74
- 6.6. Resumen 76
- 6.7. Glosario 76
- 6.8. Cuestionario 77

7. La Capa de Aplicación   81

   7.1. Aplicaciones cliente y servidor 81

   7.2. Protocolos de la Capa de Aplicación 83

   7.3. Exploración del protocolo HTTP 85

   7.4. El protocolo IMAP para descarga de correo 88

   7.5. Control de flujo 89

   7.6. Creación de aplicaciones en red 92

   7.7. Resumen 93

   7.8. Glosario 93

   7.9. Cuestionario 94

8. La Capa de Transporte Seguro   99

   8.1. Encriptación y desencriptado de datos 100

   8.2. Dos tipos de secretos 101

   8.3. Capa de Sockets Seguros (SSL) 103

   8.4. Cifrado del tráfico del navegador web 104

   8.5. Certificados y Autoridades de Certificación 105

   8.6. Resumen 106

   8.7. Glosario 107

   8.8. Cuestionario 108

9. El modelo OSI   113

   9.1. Física (Capa 1) 114

   9.2. Enlace de Datos (Capa 2) 114

   9.3. Red (Capa 3) 115

   9.4. Transporte (Capa 4) 115

   9.5. Sesión (Capa 5) 115

   9.6. Presentación (Capa 6) 115

   9.7. Aplicación (Capa 7) 116

   9.8. Comparación de los modelos OSI y TCP/IP 116

   9.9. Capa de Acceso (TCP/IP) 117

   9.10 Capa de Internet (TCP/IP) 117

9.11 Capa de Transporte (TCP/IP) 117

9.12 Capa de Aplicación (TCP/IP) 118

9.13 Conclusión 118

9.14 Glosario 118

9.15 Cuestionario 119

10 Conclusiones   **121**

Capítulo 1

Introducción

Utilizar Internet es aparentemente bastante fácil. Vamos a una dirección web y obtenemos una página. O podemos ir a nuestra red social favorita y ver las imágenes de nuestros amigos, familias y mascotas. Pero esa aparente simplicidad de Internet implica el uso de un montón de hardware y software complejos. El diseño de las tecnologías que hacen funcionar el Internet actual comenzó en los años 60 del pasado siglo, y transcurrieron más de 20 años de investigación sobre cómo construir tecnologías de redes antes de que el primer "Internet" fuese creado por académicos, a finales de los 80, en un proyecto llamado NSFNet. Desde entonces, la investigación y desarrollo de mejoras en las tecnologías de red ha continuado, a medida que las redes han ido haciéndose más grandes, más rápidas y distribuidas globalmente, con miles de millones de dispositivos.

Para poder comprender mejor cómo funciona el Internet actual, echaremos un vistazo a la forma en la que los humanos y las computadoras se han comunicado usando la tecnología a lo largo de los años.

1.1. Comunicación a distancia

Imagina un grupo de cinco personas en una habitación, sentados en círculo. Si son educados y no mantienen más de una conversación al mismo tiempo, resultará bastante sencillo para cualquiera de ellos hablar con otra persona de la habitación. Tan solo necesitan ser capaces de escucharse entre ellos y coordinar el uso del espacio compartido en la sala.

Pero, ¿qué ocurriría si pusiésemos a esas personas en habitaciones diferentes, de modo que no pudieran verse ni oírse entre ellos? ¿Cómo podrían comunicarse entre sí entonces los componentes de cada pareja? Una posibilidad podría ser tender un cable entre cada pareja, con un micrófono en un extremo y un altavoz en el otro. De ese modo, todos seguirían escuchando las conversaciones de los demás. Así que seguiría siendo necesario mantener el orden, para asegurarse de que no se produjera más de una conversación al mismo tiempo.

Cada persona necesitaría cuatro altavoces (uno para cada una de las otras personas), y trozos de cable suficientes como para conectar todos los micrófonos y altavoces. Eso puede llegar a ser un problema con cinco individuos, y se vuelve mucho más grave cuando hay cientos o miles de personas implicadas.

Los antiguos teléfonos de principios del siglo XX usaban precisamente hilos, micrófonos y altavoces para permitir a la gente hacer llamadas. Como no se podía tener cables independientes para conectar cada par de teléfonos, esos sistemas no permitían a todas las personas estar conectados entre sí al mismo tiempo. Cada persona tenía una única conexión con un "operador" humano. El operador conectaba dos hilos juntos para permitir a una pareja de personas hablar, y luego los desconectaba, una vez finalizada la conversación.

Los primeros sistemas de teléfono locales funcionaban bien cuando la casa de un cliente o su negocio estaban cerca del edificio del operador y se podía tender directamente un cable desde el edificio del operador hasta la casa de esa persona.

Pero, ¿qué ocurre cuando miles de personas, separados por cientos de kilómetros, necesitan comunicarse? No podemos tender 100 kilómetros de cable desde cada casa hasta una única oficina central. En vez de eso, lo que hicieron las compañías telefónicas fue tener muchas oficinas centrales y tender unos pocos cables entre esas oficinas, compartiendo así las conexiones entre ellas. En el caso de comunicaciones de larga distancia, una conexión podía pasar a través de varias de esas oficinas centrales. Antes de la llegada de la fibra óptica, las llamadas telefónicas a larga distancia eran transportadas de una ciudad a otra mediante postes con montones de cables separados. El número de cables de esos postes representaba el número de llamadas telefónicas de larga distancia simultáneas que podían llevarse a cabo usando esos hilos.

Como el precio de las instalaciones iba aumentando a medida que lo hacía la longitud del cable necesario, estas conexiones más lar-

1.1. COMUNICACIÓN A DISTANCIA

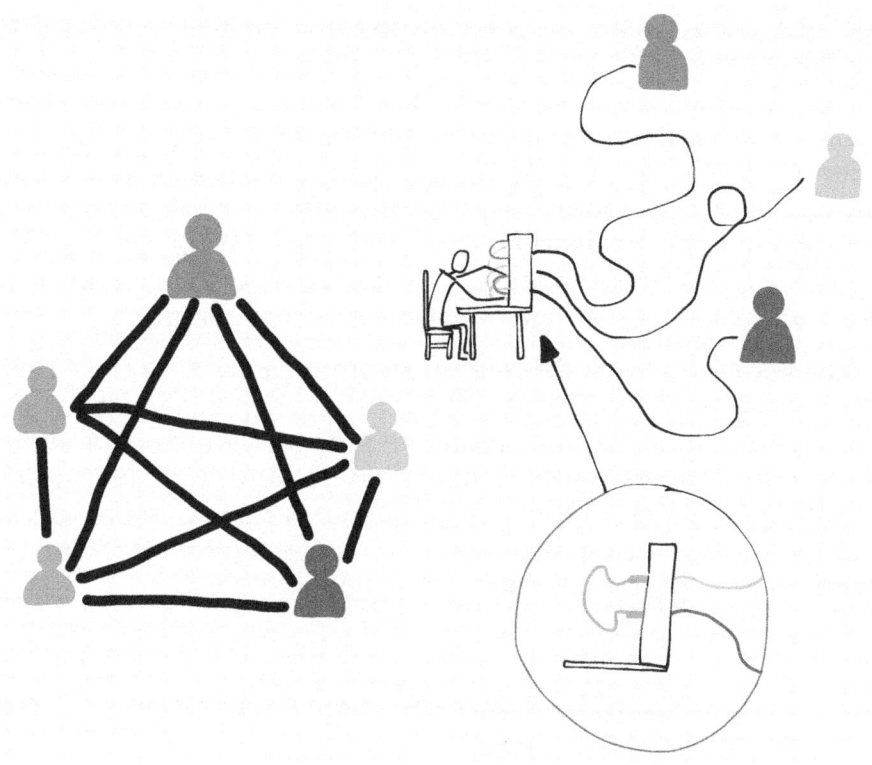

Figura 1.1: Conexión a través de operadores telefónicos

Figura 1.2: Postes de teléfono para larga distancia

gas entre oficinas eran bastante caras de instalar y mantener, de modo que escaseaban. Así que en los primeros días de la telefonía, las llamadas locales eran generalmente bastante baratas. Pero las llamadas de larga distancia eran más caras y se cobraba por minutos. Esto resultaba lógico, ya que cada minuto que alguien conversaba a través de una llamada de este tipo, mantenía ocupados los cables de larga distancia, lo cual significaba que nadie más podía usarlos. Las compañías de teléfono buscaban que se hicieran llamadas cortas, para que sus líneas de larga distancia pudieran estar disponibles para otros clientes.

Cuando las compañías de teléfono comenzaron a usar la fibra óptica, empezaron también a utilizar técnicas más avanzadas para transportar muchas conversaciones de larga distancia simultáneamente a través de un único cable de fibra. Cuando en una foto antigua veas montones de cables en un único poste, generalmente eso significa que se trata de cables telefónicos, y no de los que se usan para transportar electricidad.

1.2. Las computadoras se comunican de forma diferente

Cuando los humanos hablan por teléfono, realizan una llamada, hablan durante un rato, y finalmente cuelgan. Según las estadísticas, la mayor parte del tiempo los humanos no están hablando por teléfono. Al menos, no lo hacían antes de que todo el mundo tuviera smartphones. Pero las computadoras, incluyendo las aplicaciones de tu smartphone, se comunican de forma diferente a los humanos. Algunas veces, las computadoras envían mensajes cortos para comprobar si otro equipo está disponible. Otras veces envían información de tamaño medio, como una única foto o un mensaje de correo grande. Y otras, las computadoras envían un montón de información, como una película entera o un programa para instalar, que puede llevar minutos o incluso horas descargar. De modo que los mensajes entre computadoras pueden ser breves, medios, o extensos.

Cuando se empezaron a conectar unas computadoras con otras, cada una se conectaba con su pareja mediante cables. El modo más sencillo de enviar datos desde un equipo hasta el otro era organizar los mensajes salientes en una cola, y enviar a continuación esos mensajes uno detrás del otro, tan rápido como el equipo y los cables podían transmitir los datos. Cada mensaje debía esperar su turno, hasta que el mensaje previo había sido enviado, y solo entonces tenía su oportunidad para transitar a través de la conexión.

Cuando los equipos estaban en el mismo edificio, su propietario podía tender cables para conectarlos entre si. Si los equipos estaban en la misma ciudad, su propietario generalmente tenía que arrendar cables a las compañías telefónicas para conectar sus máquinas. A menudo lo único que se necesitaba era que esas compañías telefónicas conectaran los cables juntos en su oficina central, de modo que no fuera necesario que cada equipo "marcara" el número del otro para poder enviarle datos. Esas líneas arrendadas eran cómodas para la comunicación entre equipos, dado que estaban "siempre activas", pero eran también bastante caras, ya que permanecían ocupadas durante las 24 horas del día.

Cuando los equipos estaban aún más lejos, en ciudades diferentes, las líneas arrendadas se extendían usando los cables más largos que conectaban las oficinas centrales. Dado que había pocos cables entre esas oficinas, las líneas de larga distancia arrendadas resultaban bastante caras, y su coste crecía dramáticamente conforme aumentaba la longitud de la línea necesaria. Pero si se disponía de dinero suficiente, se podían arrendar conexiones directas entre equipos, para que pudieran intercambiar datos. Esto funcionaba bastante bien siempre que se utilizase el mismo tipo de computadoras, porque cada marca tenía su propio modo de usar los cables telefónicos para conectar sus equipos y enviar datos entre ellos.

1.3. Primeras redes de área amplia de almacenamiento-y-reenvío

En los años 70 y 80 del pasado siglo, la gente que trabajaba en universidades de todo el mundo deseaba enviar datos y mensajes a otros colegas, usando esas conexiones entre equipos. Dado que el coste de cada conexión era tan alto y que aumentaba con la distancia, las computadoras generalmente solo tenían conexiones con otros equipos cercanos. Pero si la computadora con la que estabas conectado estaba conectado con otra, y esa a su vez con otra, y así sucesivamente, podías envías un mensaje a larga distancia, tan lejos como quisieras, siempre que las computadoras a lo largo de la ruta del mensaje aceptasen almacenarlo y reenviarlo al siguiente equipo.

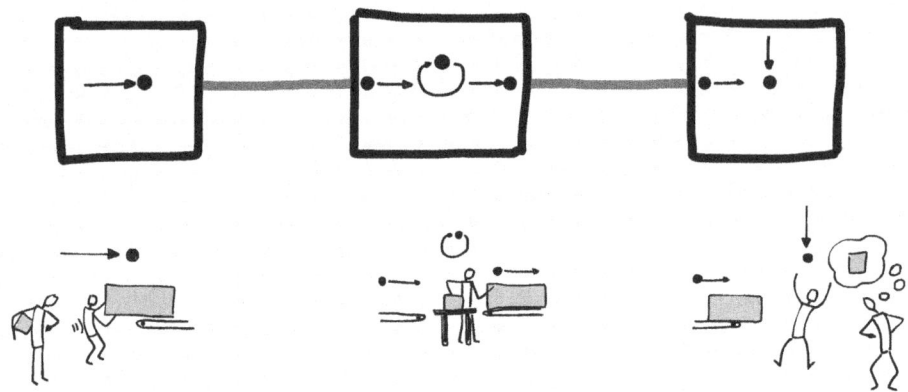

Figura 1.3: Redes de almacenamiento-y-reenvío

Con el paso del tiempo, empezó a ser posible enviar datos a larga distancia con relativamente pocas conexiones, usando un mosaico de conexiones de redes, y siempre que se tuviera suficiente paciencia. Durante ese viaje, cuando el mensaje llegaba a una computadora, debía esperar hasta que le llegaba el turno para ser enviado al siguiente equipo a lo largo de la ruta. Un mensaje podía llegar a un equipo intermedio, ser almacenado durante un rato (que podían ser horas, dependiendo del tráfico), y luego ser reenviado a la siguiente conexión (o "salto" - *hop*).

Al usar esta forma de enviar los mensajes completos y de uno en uno, podían pasar minutos, horas, o incluso días hasta que un mensaje alcanzaba su destino final, dependiendo del tráfico que encontrase en cada uno de sus saltos. Pero incluso si un correo electrónico necesitaba unas cuantas horas para recorrer su camino desde una parte del país hasta la otra, eso resultaba aún mucho más rápido y práctico que enviar una carta o una tarjeta postal.

1.4. Paquetes y routers

La innovación más importante, que permitió a los mensajes desplazarse más rápido a través de una red multi-salto, fue la división de cada mensaje en fragmentos más pequeños, y el envío posterior de cada fragmento de forma individual. En términos de red, estos trozos de mensaje se llaman "paquetes". La idea de dividir un mensaje en paquetes se ideó en los años 60, pero no fue ampliamente utilizada hasta la década de los 80, dado que requería más capacidad de cálculo y software de red más sofisticado.

Cuando los mensajes se dividen en paquetes y luego son enviados de forma individual, si se quiere enviar un mensaje corto una vez que ha comenzado a procesarse uno largo, el corto no tiene que esperar hasta que el largo ha terminado de enviarse completo. El primer paquete del mensaje corto solo tiene que esperar hasta que termina de procesarse el paquete en curso del mensaje extenso. El sistema va alternando el envío de paquetes del mensaje corto y del largo, hasta que al cabo de un tiempo se termina el envío del mensaje corto, y a partir de ese momento el mensaje más extenso continúa haciendo uso de toda la conexión de red.

Dividir el mensaje en paquetes tiene también la ventaja de reducir significativamente la cantidad de espacio de almacenamiento necesario en los equipos intermedios, ya que en lugar de necesitar guardar un mensaje entero durante unas cuantas horas, el equipo intermedio tan solo necesita almacenar unos pocos paquetes durante algunos segundos, mientras esos paquetes esperan su turno en la cola de salida.

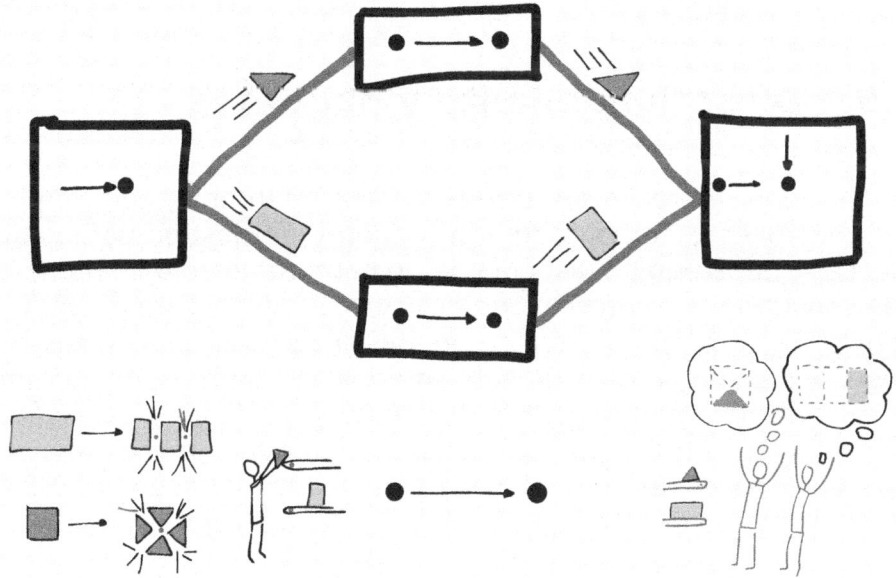

Figura 1.4: Envío de paquetes

A medida que las redes iban transformándose desde el antiguo sistema de almacenamiento-y-reenvío, se empezaron a incluir equipos con funciones especiales, especializados en el movimiento de paquetes. Éstos fueron llamados inicialmente "Interfaces de

Procesamiento de Mensajes" (o "IMPs" por sus siglas en inglés, *Interface Message Processing*), ya que actuaban como un interfaz o punto de interconexión entre las computadoras normales y el resto de la red. Más adelante, esos equipos dedicados a las comunicaciones recibieron el nombre de "routers" (enrutadores o encaminadores), dado que su propósito era encaminar (enrutar) los paquetes que recibían hacia su destino final.

Al disponer de routers especializados en el movimiento de paquetes a través de múltiples saltos, se hizo más sencillo conectar computadoras de distintas marcas en la misma red. Para conectar cualquier equipo a la red, ahora ya tan solo se necesitaba conectarlo a un router y a partir de ahí el resto de los detalles de la comunicación eran gestionados por los otros routers.

Cuando se conectan entre sí varios equipos en una misma ubicación, mediante el uso de cables físicos, formando una "Red de Área Local" (o LAN por sus siglas en inglés, *Local Area Network*), se necesita conectar también un router a esa red. Al enviar los datos a través de ese router, todos los equipos en la red de área local pueden transferir datos también a través de la "Red de Área Amplia" (o WAN por sus siglas en inglés, *Wide Area Network*).

1.5. Direccionamiento y paquetes

En las primeras redes de almacenamiento-y-reenvío, era importante conocer la computadora de origen y de destino para cada mensaje. Cada equipo disponía de un nombre único o un número que constituía la "dirección" de esa computadora. Para enviar un mensaje a otro equipo, era necesario añadir las direcciones de origen y destino al mensaje antes de enviarlo a través de su ruta. Al disponer de las direcciones de origen y de destino para cada mensaje, los equipos que almacenaban y enviaban esos mensajes eran capaces de elegir el mejor camino para cada uno de ellos, en aquellos casos es los que había más de una ruta disponible.

Cuando un mensaje extenso era dividido en paquetes más pequeños y cada paquete se enviaba de forma individual, las direcciones de origen y de destino debían añadirse en cada uno de los paquetes, de modo que los routers pudieran elegir el mejor camino para reenviar cada paquete del mensaje. Además de las direcciones de origen y destino, era necesario también añadir datos en cada paquete indicando el "*offset*", o posición del paquete dentro del mensaje completo, de modo que la computadora que lo recibiera pudiera volver a juntar los paquetes en el orden correcto para reconstruir el mensaje original.

1.6. Juntando todo

Si combinamos todo lo que hemos visto hasta ahora, podremos entender el funcionamiento básico del Internet actual. Disponemos de equipos especializados, llamados "routers" o "enrutadores", que saben cómo dirigir los paquetes a través de un camino desde un origen hasta un destino. Cada paquete pasará a través de múltiples routers durante su viaje desde el equipo de origen hasta alcanzar el de destino.

A pesar de que los paquetes pueden ser partes de un mensaje más grande, los routers reenvían cada paquete de forma separada, en base a sus direcciones de origen y destino. Paquetes diferentes de un mismo mensaje pueden seguir rutas distintas desde el origen hasta el destino. Y algunas veces los paquetes llegarán incluso desordenados; un paquete enviado más tarde puede llegar antes que uno anterior, quizá por un "embotellamiento" en el tráfico de datos. Cada paquete contiene un "offset" (identificador de posición) respecto al comienzo del mensaje, de modo que la computadora de destino pueda reensamblar los paquetes en el orden adecuado para reconstruir el mensaje original.

Al crear una red usando múltiples saltos cortos, el coste total de la comunicación a través de un área geográfica extensa puede repartirse entre un gran número de grupos de conexión e individuos. Normalmente, los paquetes encontrarán la ruta más corta entre el origen y el destino, pero si un enlace o un camino estuviera sobrecargado o bloqueado, los routers podrían cooperar y reorganizar el tráfico para usar caminos ligeramente más largos, que trasladarían los paquetes desde el origen hasta el destino lo más rápido posible.

El núcleo de Internet es un conjunto de routers cooperando, que mueven paquetes desde múltiples orígenes hasta múltiples destinos al mismo tiempo. Cada equipo o área de red local está conectado a un router que reenvía el tráfico desde su ubicación hasta los distintos destinos de Internet. Un router puede gestionar datos de un equipo individual, como un smartphone, de varios equipos en el mismo edificio, o de miles de equipos conectados a una red de un campus universitario. El término "Internet" proviene de la idea de "interconectar", que capta el concepto de conectar muchas redes entre sí. Nuestros equipos se conectan a redes locales,

Figura 1.5: Conexión alrededor del mundo

e Internet conecta las redes locales entre sí para que nuestros equipos puedan comunicarse con todos los demás.

1.7. Glosario

dirección: Un número que es asignado a un dispositivo, para que los mensajes puedan ser enviados hasta él.

LAN: Local Area Network (Red de Área Local). Una red que cubre un área que está limitado por la capacidad de una organización para tender cables o la potencia de un emisor de radio.

línea arrendada (o dedicada): Una conexión "siempre activa" que una organización alquila a una compañía telefónica o a otra empresa para enviar datos a través de largas distancias.

operador (telefónico): Una persona que trabaja en una compañía telefónica y ayuda a la gente a realizar llamadas por teléfono.

paquete: Un fragmento de tamaño limitado de un mensaje extenso. Los mensajes extensos o archivos son divididos en muchos paquetes y enviados a través de Internet. El tamaño máximo habitual de los paquetes suele estar entre los 1000 y los 3000 caracteres.

red de almacenamiento-y-reenvío: Una red en la cual los datos son enviados de un equipo a otro mediante el almacenamiento del mensaje en equipos intermedios durante periodos de tiempo relativamente largos, mientras se espera a que una conexión a través de la red de salida esté disponible.

router, enrutador o encaminador: Un equipo especializado, que está diseñado para recibir paquetes de entrada a través de múltiples conexiones y reenviar rápidamente esos paquetes a través de la mejor conexión de salida disponible, para dirigirlos a gran velocidad hacia su destino.

salto: Una única conexión física de red. Un paquete en Internet realizará normalmente varios "saltos" para llegar desde su equipo de origen hasta su destino.

WAN: Wide Area Network (Red de Área Amplia). Una red que cubre largas distancias, posibilitando enviar datos alrededor de todo el mundo. Una WAN se construye normalmente usando enlaces de comunicación que pertenecen y gestionan varias organizaciones diferentes.

1.8. Cuestionario

1. ¿Qué hacían los primeros operadores telefónicos?

    a) Mantenían las torres de telefonía móvil
    b) Conectaban pares de cables para permitir a la gente hablar
    c) Instalaban cable de cobre entre ciudades
    d) Ordenaban los paquetes para que llegasen al destino correcto

2. ¿Qué es una línea arrendada (o dedicada)?

    a) Una frontera entre el equipamiento telefónico alquilado y el propio
    b) Una conexión entre un teclado y un monitor
    c) Un cable tendido entre una oficina de una compañía telefónica y otra
    d) Una conexión telefónica "siempre activa"

3. ¿Durante cuánto tiempo puede ser almacenado un mensaje en un equipo intermedio en una red de almacenamiento-y-reenvío?

a) Menos de un segundo
b) No más de cuatro segundos
c) Menos de un minuto
d) Posiblemente hasta varias horas

4. ¿Qué es un paquete?

a) Una técnica de envasado de artículos para su envío
b) Una caja pequeña usada para almacenar cosas
c) Un trozo de un mensaje más extenso, que se envía a través de una red
d) La cantidad de datos que podía almacenarse en una antigua tarjeta perforada

5. ¿Cuál de las siguiente opciones se parece más a un router?

a) Las instalaciones de un sistema de clasificación de correo
b) Una nevera o refrigerador
c) Un tren de alta velocidad
d) Un cable de telecomunicaciones submarino

6. ¿Cuál fue el nombre elegido para los routers de las primeras redes?

a) Procesadores de Mensajes Interconfiables
b) Perceptrones de Movimientos de Internet
c) Programas de Mensajería Instantánea
d) Interfaces de Procesamiento de Mensajes

7. Además de dividir los mensajes extensos en segmentos más pequeños para ser enviados, ¿qué más se necesitó para encaminar correctamente cada segmento de mensaje?

a) Una dirección de origen y de destino para cada segmento del mensaje
b) Un identificador y contraseña para cada segmento del mensaje
c) Una pequeña batería para mantener el almacenamiento de cada segmento del mensaje
d) Una pequeña unidad de seguimiento, como un GPS, para encontrar los mensajes perdidos

1.8. CUESTIONARIO

8. ¿Por qué resulta virtualmente gratuito enviar mensajes alrededor del mundo usando Internet?

   a) Porque los gobiernos pagan por todas las conexiones
   b) Porque la publicidad paga por todas las conexiones
   c) Porque mucha gente comparte todos los recursos
   d) Porque es ilegal cobrar por conexiones de larga distancia

Capítulo 2

La arquitectura de la red

Para diseñar y construir un sistema tan complejo como Internet, los ingenieros intentan dividir un único problema realmente complejo en un conjunto de problemas más pequeños, de modo que puedan ser resueltos de forma independiente y luego unidos de nuevo para resolver la cuestión original. Los ingenieros que crearon los primeros internets, dividieron el problema principal en cuatro subproblemas básicos, sobre los que pudieran trabajar de forma independiente distintos grupos.

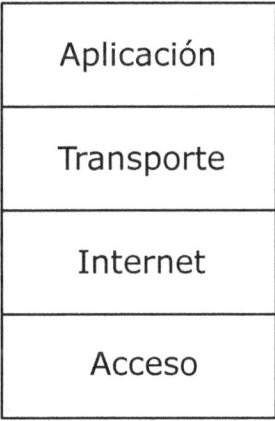

Figura 2.1: El modelo de cuatro capas TCP/IP

Esas cuatro áreas de diseño recibieron los siguientes nombres: (1) Acceso al medio, (2) Internet, (3) Transporte, y (4) Aplicación. Se representan las distintas áreas como capas, apiladas unas encima de otras, con la capa de Acceso en la base y la capa de Aplicación en la cima. La capa de Acceso gestiona la conexión cableada o inalámbrica desde un equipo hasta la red de área local, y la capa de Aplicación es aquella con la que nosotros, como usuarios finales, interactuamos. Un navegador web es un ejemplo de una aplicación en esta arquitectura de Internet.

De forma informal, hablamos de este modelo como "modelo TCP/IP", haciendo referencia al Protocolo de Control de Transporte (TCP), usado para implementar la capa de Transporte, y al Protocolo de Internet (IP), que se utiliza para implementar la capa de Internet.

Echaremos a continuación un vistazo rápido a cada una de las capas, comenzando por la "base" de la torre.

2.1. La capa de Acceso al medio

La capa de Acceso al medio es la encargada de conectar un equipo con su red local, y de mover los datos a través de un único salto. La tecnología actual más habitual para la capa de Acceso es la red inalámbrica. Cuando se está utilizando un dispositivo inalámbrico, el dispositivo solo es capaz de enviar datos a una distancia limitada. Un smartphone se comunica con una torre de comunicaciones que está a solo unos pocos kilómetros de distancia. Si se usa un smartphone en un tren, este deberá estar cambiando de torre cada pocos minutos, a medida que el tren se va desplazando. Un portátil (laptop) que esté conectado a una red WiFi, se comunica normalmente con una estación base en un radio de 200 metros. Una computadora que se conecte usando una conexión cableada, normalmente utilizará un cable de 100 metros de longitud o menos. Las tecnologías utilizadas por la capa de Acceso a menudo se comparten entre múltiples equipos en la misma ubicación.

La capa de Acceso necesita resolver dos problemas básicos en su gestión de esas redes de área local compartidas. El primer problema consiste en determinar cómo codificar y enviar datos a través de la conexión. Si el enlace es inalámbrico, los ingenieros deben ponerse de acuerdo sobre cuáles son las frecuencias de radio a utilizar para transmitir los datos, y también en el modo en que los datos digitales deben ser codificados en la señal de radio. En las conexiones cableadas, deben ponerse de acuerdo acerca del voltaje que debe usar el cable y la velocidad de envío de los bits a través del medio. Para las tecnologías de la capa de Acceso que usan fibra óptica, deben acordar cuáles son las frecuencia de luz a utilizar y la velocidad de envío de los datos.

2.1. LA CAPA DE ACCESO AL MEDIO

Además de ponerse de acuerdo en cómo enviar los datos usando un medio compartido, como puede ser una red inalámbrica, también necesitan acordar cómo deben cooperar entre sí los equipos que quieran enviar datos al mismo tiempo. Si todos los equipos de la red intentan transmitir cada vez que tengan datos para enviar, sus mensajes colisionarán unos con otros. El resultado podría ser el caos, y los puestos de recepción solo recibirían ruido. De modo que necesitamos encontrar un método fiable que permita a cada puesto esperar su turno para usar la red compartida.

La idea de dividir cada mensaje extenso en paquetes y luego enviar cada paquete de forma independiente, hace que sea más sencillo compartir la red. Si solo hubiera un equipo que quisiera enviar datos, enviaría sus paquetes uno detrás del otro, y haría circular esos datos a través de la red tan rápido como pudiera. Pero si son tres los equipos que quieren enviar datos al mismo tiempo, cada uno de ellos deberá enviar un paquete y luego esperar mientras los otros dos equipos hacen lo mismo. Después de que los otros hayan enviado sus propios paquetes, el primero realizaría su siguiente envío. De este modo, los equipos estarían compartiendo el acceso a la red de un modo adecuado.

Pero, ¿cómo sabe un dispositivo si otros equipos quieren enviar datos al mismo tiempo que él? Los ingenieros han diseñado un método imaginativo para resolver este problema, llamado "Acceso Múltiple con Escucha de Portadora y Detección de Colisiones" (*Carrier Sense Multiple Access with Collision Detection*), o CSMA/CD. Se trata de un nombre largo para designar un concepto simple y elegante. Cuando tu dispositivo quiere enviar datos, primero escucha si otro equipo está ya enviando información a través de la red (Escucha de Portadora). Si nadie está enviando datos, tu equipo comienza a enviar los suyos. Al mismo tiempo que lo hace, va escuchando para comprobar si puede recibir su propia información. Si los datos recibidos son los mismos que ha enviado, sabe que el canal sigue despejado y continúa transmitiendo. Pero si dos equipos comienzan a enviar datos al mismo tiempo, los datos colisionan, y tu dispositivo no recibiría lo mismo que ha enviado. Cuando se detecta una colisión, ambos equipos dejan de transmitir, esperan un poco, y luego reintentan el envío. Los dos equipos que colisionan esperan distintos periodos de tiempo antes de reintentar sus transmisiones, para reducir las posibilidades de que se produzca una segunda colisión.

Cuando tu equipo termina de enviar un paquete de datos, se detiene temporalmente para dar a otros equipos que puedan estar esperando la oportunidad de enviar sus propios datos. Si otro

Capa de Acceso

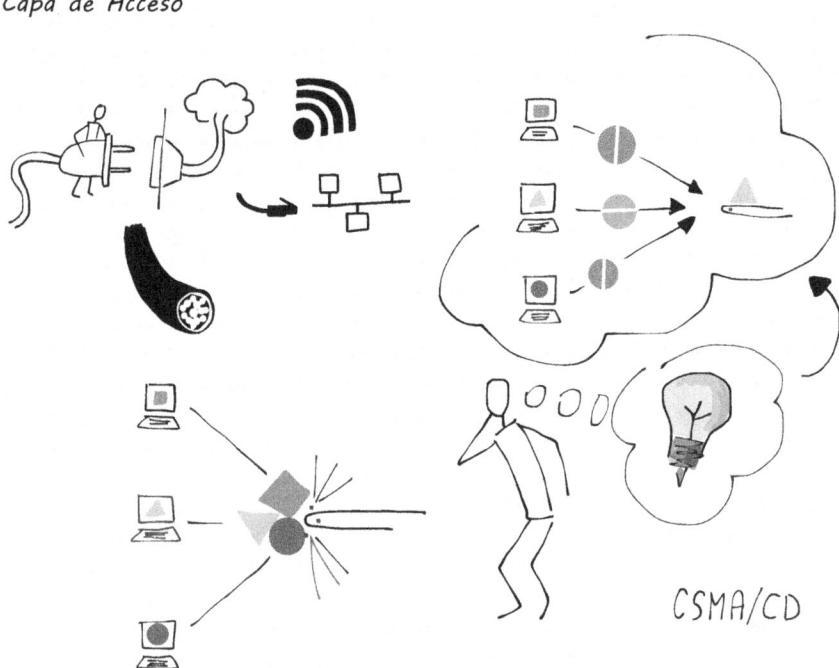

Figura 2.2: Escucha de Portadora/Detección de Colisiones

equipo se da cuenta de que el el tuyo ha dejado de enviar datos (Escucha de Portadora), y comienza a enviar su propio paquete, tu equipo detectará el uso de la red que está haciendo ese equipo y esperará hasta que se haya completado el envío del paquete que está en marcha antes de intentar enviar su siguiente bloque.

Este sencillo mecanismo funciona correctamente cuando solo hay un equipo que quiere enviar datos. También funciona bien cuando hay muchos equipos que pretenden enviar datos al mismo tiempo. Cuando hay un único dispositivo enviando datos, ese equipo puede hacer un buen uso de la red compartida, enviando sus paquetes uno detrás del otro. Y cuando muchos dispositivos quieren usar la red compartida a la vez, cada equipo consigue una parte equitativa de la conexión.

Algunas capas de acceso, como una conexión móvil (celular) para un smartphone, una conexión WiFi, o un satélite o módem de cable, son conexiones compartidas, y necesitan usar técnicas como CSMA/CD para asegurar un acceso equitativo para los muchos equipos diferentes que pueden estar conectados a la red. Otras capas de acceso, como los cables de fibra óptica y las líneas arrendadas, generalmente no se comparten y se usan para realizar conexiones directas entre routers. Estas conexiones no compartidas forman también parte de la capa de Acceso.

Los ingenieros que trabajan en las tecnologías para la capa de Acceso se han centrado en resolver los inconvenientes para que los equipos puedan transmitir datos a través de una única conexión que pueda abarcar gran variedad de distancias, desde unos pocos metros hasta cientos de kilómetros. Pero parar desplazar los datos a través de distancias mayores, necesitamos enviar nuestros paquetes a través de múltiples routers, conectados a múltiples capas de acceso. Cada vez que un paquete pasa a través de la capa de acceso de un router a otro, se dice que realiza un "salto" (*hop*). Para enviar datos al otro lado del mundo, éstos pasarían a través de unos 20 routers, es decir, realizarían unos 20 "saltos".

2.2. La Capa de Internet (IP)

Una vez que un paquete destinado a Internet ha realizado su recorrido a través de la primera conexión, pasará a encontrarse dentro un router. El paquete tiene una dirección de origen y otra de destino, y el router necesita fijarse en la dirección de destino para averiguar cuál puede ser el mejor movimiento para dirigir ese paquete hacia su destino. Con cada router gestionando paquetes destinados a cualquiera de los muchos miles de millones de equipos de destino, no resulta viable que cada router conozca la ubicación exacta ni cual sería la mejor ruta para cualquier posible equipo de destino. De modo que el router hace lo que puede para intentar adivinar cómo dejar tu paquete lo más cerca posible de su objetivo.

Cada uno de los demás routers por los que va pasando a lo largo del camino van haciendo también lo que pueden para dejar el paquete lo más cerca posible del equipo de destino. A medida que el paquete va acercándose a su destino definitivo, los routers tienen una idea más precisa de a dónde debe ir el paquete. Cuando el paquete alcanza la última conexión de su viaje, la capa de acceso ya sabe exactamente dónde debe enviarlo.

Las personas usamos un método parecido para viajar cuando salimos de vacaciones. Un viaje para ir de vacaciones tiene también muchos saltos. A lo mejor el primer salto consiste en conducir tu automóvil o tomar un taxi o autobús para ir a la estación de trenes. Luego puedes tomar un tren de cercanías que te lleve desde la pequeña ciudad donde vives hasta otra más grande. En la ciudad grande, tomarías un tren de larga distancia hasta una ciudad grande en otro país. Luego, tomarías otro tren de cercanías hasta el pueblecito donde fueras a pasar tus vacaciones. Al bajarte del tren, tomarías de nuevo un autobús, y al bajar del autobús, caminarías hasta tu hotel.

Si cuando estabas en el tren entre las dos grandes ciudades hubieses preguntado al conductor por la ubicación exacta de tu hotel en el pueblecito, posiblemente el conductor no lo hubiera sabido. Él solo sabe cómo dejarte cerca de tu destino, y dado que estás en un tren de largo recorrido, eso es lo importante. Cuando subas al autobús en tu pueblo de destino, podrás preguntar al conductor del autobús cuál es la parada más cercana a tu hotel. Y cuando bajes del autobús en la parada correcta, seguramente puedas preguntar a alguien en la calle cómo encontrar el hotel y obtener una respuesta precisa.

Cuanto más lejos te encuentres de tu destino, menos necesidad tienes de conocer los detalles exactos acerca de cómo llegar hasta allí. Cuando estás lejos, todo lo que necesitas saber es cómo llegar "más cerca" de tu destino. Los routers en Internet funcionan del mismo modo. Solo los routers que se encuentran más próximos al equipo de destino saben cuál es el camino exacto hasta ese equipo. Todos los routers que se van cruzando por el camino colaboran para ir acercando el mensaje a su objetivo.

Pero, igual que cuando se viaja, pueden aparecer problemas inesperados o retrasos, que requieran de un cambio de planes mientras los paquetes están siendo enviados a través de la red.

Los routers intercambian entre sí mensajes especiales para informar a los demás acerca de cualquier tipo de retraso en el tráfico o corte en la red, de modo que los paquetes puedan ser desviados desde una ruta con problemas hacia otra diferente. Los routers que forman el corazón de Internet son inteligentes y se adaptan rápidamente tanto a cortes pequeños como a otros más grandes, o a fallos en las conexiones de red. A veces una conexión se ralentiza por sobrecarga. Otras veces una conexión queda interrumpida de forma física, cuando una cuadrilla de obreros excava por error cerca de un cable enterrado y lo rompe. A veces hay desastres naturales, como huracanes o tifones, que desconectan los routers e interrumpen las conexiones en un área geográfica extensa. Los routers detectan rápidamente esos cortes y redirigen el tráfico por otra ruta, cuando es posible.

Pero algunas veces las cosas van mal y se pierden algunos paquetes. La gestión de los paquetes perdidos es el cometido de la siguiente capa de nuestra arquitectura.

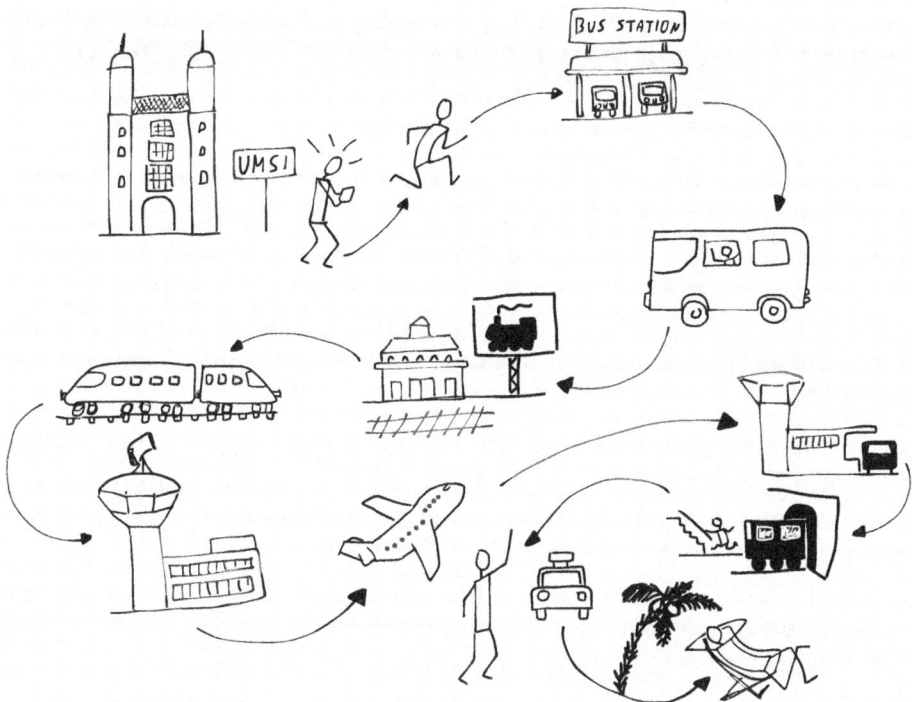

Figura 2.3: Un recorrido multi-salto

2.3. La Capa de Transporte (TCP)

La capa de Internet es a la vez simple y compleja. Se fija en la dirección de destino de un paquete y busca un camino a través de múltiples saltos de red para entregar el paquete al equipo de destino. Pero a veces esos paquetes se pierden o se retrasan demasiado. Otras veces los paquetes llegan a su destino desordenados, debido a que un paquete posterior encuentra un camino más rápido a través de la red que un paquete previo. Cada paquete contiene la dirección de los equipos de origen y de destino, y un *offset* o índice, que indica la posición relativa de ese paquete respecto al comienzo del mensaje. Al conocer el índice relativo de cada paquete respecto al comienzo del mensaje y la longitud del mismo, el equipo de destino puede reconstruir el mensaje original, incluso si los paquetes se reciben desordenados.

A medida que el equipo de destino va reconstruyendo el mensaje y se lo entrega a la aplicación a la que va dirigido, va también enviando periódicamente mensajes de acuse de recibo o confirmación al equipo de origen, indicándole qué cantidad del mensaje ha recibido y reconstruido. Pero si el equipo de destino se da cuenta de que falta parte del mensaje que está reconstruyendo, eso probablemente signifique que esos paquetes se han perdido o se han retrasado demasiado. De modo que, después de esperar un rato, el equipo de destino envía una solicitud al de origen para pedirle que le reenvíe los datos perdidos.

El equipo de origen debe almacenar una copia de los fragmentos del mensaje original que ya han sido enviados, hasta que el equipo de destino confirme la recepción con éxito de los paquetes. Una vez que el equipo de origen recibe la confirmación de la recepción con éxito de una porción del mensaje, puede descartar los datos que ya han sido confirmados y seguir enviando los siguientes.

La cantidad de datos que el equipo de origen envía antes de esperar una confirmación o acuse de recibo, recibe el nombre de "tamaño de ventana". Si el tamaño de ventana es demasiado pequeño, la transmisión de datos se vuelve lenta, ya que el equipo de origen está siempre esperando mensajes de confirmación. Si el equipo de origen envía demasiados datos antes de esperar una confirmación, puede provocar problemas en el tráfico de forma no intencionada, al sobrecargar los routers o las líneas de comunicación de larga distancia. Este problema se soluciona manteniendo un tamaño de ventana pequeño al principio y cronometrando el tiempo que se tarda en recibir el primer mensaje de confirmación. Si la confirmación llega enseguida, el equipo de origen va aumentando poco a poco el tamaño de ventana, y si las confirmaciones tardan en llegar, se mantiene el tamaño de ventana pequeño, aunque no tanto como para sobrecargar la red. Como ocurría en la capa de Acceso, unas pequeñas reglas de cortesía en Internet sirven de gran ayuda a la hora de asegurar el uso adecuado de la infraestructura de red compartida.

Esta estrategia permite que cuando la red dispone de conexiones de alta velocidad y está poco cargada, los datos se envíen rápidamente, mientras que si la red está muy cargada o tiene conexiones lentas, los datos irán siendo enviados más lentamente, para adaptarse a las limitaciones de las conexiones de red entre los equipos de origen y destino.

2.4. La Capa de Aplicación

Las capas de Acceso, Internet y Transporte colaboran juntas para hacer llegar los datos de forma rápida y segura de un equipo a otro, a través de una red de redes compartidas. Con esta capacidad para mover los datos de forma fiable, la cuestión siguiente

2.4. LA CAPA DE APLICACIÓN

es qué aplicaciones de red se pueden crear para utilizar esas conexiones de red.

Cuando, a mediados de los años 80, se empezó a utilizar ampliamente Internet, las primeras aplicaciones permitían a los usuarios iniciar sesión en equipos remotos, transferir archivos entre equipos, enviar correo entre ellos, e incluso realizar charlas de texto (*chats*) entre equipos diferentes.

A principios de los 90, a medida que Internet llegaba a más gente y las capacidades de las computadoras para manejar imágenes iban mejorando, los científicos de los laboratorios de física de alta energía CERN desarrollaron la aplicación World Wide Web. La web estaba orientada a la lectura y edición en red de documentos de hipertexto con imágenes. Hoy en día la web es la aplicación en red de uso más habitual en todo el mundo. Pero todas las demás aplicaciones anteriores de Internet aún se siguen utilizando con asiduidad.

Generalmente, cada aplicación está dividida en dos partes. Una parte de la aplicación recibe el nombre de "servidor". Se ejecuta en el equipo de destino y aguarda a que se reciban conexiones de entrada a través de la red. La otra parte de la aplicación se denomina "cliente", y se ejecuta en el equipo de origen. Cuando se navega por la web usando un programa como Firefox, Chrome, o Internet Explorer, se está ejecutando una aplicación "cliente web", que realiza conexiones con los servidores web y muestra las páginas y documentos almacenados en esos servidores. Los Localizadores Uniformes de Recursos (*Uniform Resource Locators* o URLs) que muestra el navegador web en su barra de direcciones son los servidores web con los que el cliente va contactando para descargar los documentos que muestra.

Cuando se desarrolla la parte del servidor y la parte del cliente en una aplicación en red, se debe definir también un "protocolo de aplicación", que describa cómo van a intercambiar mensajes a través de la red las dos partes de esa aplicación. Los protocolos que usa cada aplicación son diferentes de los que utilizan las demás, ya que están especializados para adaptarse a las necesidades particulares de cada aplicación en concreto. Más adelante revisaremos algunos de esos protocolos utilizados en la capa de Aplicación.

2.5. Apilado de Capas

Habitualmente se representan las cuatro capas (Acceso a la red, Internet, Transporte y Aplicación), apiladas unas encima de otras, con la capa de Aplicación arriba del todo, y la capa de Acceso en la base. La razón de que se representen de este modo es que cada una de las capas utiliza a las que están por encima y por debajo de ella para lograr establecer la comunicación a través de la red.

Todas las capas se ejecutan en el equipo donde corre la aplicación cliente (por ejemplo, un navegador web), y todas las capas se ejecutan también en el equipo de destino, donde está corriendo el servidor de la aplicación. Tú, como usuario final, interactúas con las aplicaciones que componen la capa superior de la torre, y la capa del fondo representa el WiFi, red móvil (celular), o la conexión cableada entre tu computadora y el resto de Internet.

Los routers que reenvían los paquetes de un sitio a otro para dirigirlos hacia su destino no saben nada ni de la capa de Transporte ni a la de Aplicación. Los routers operan en las capas de Internet y Acceso. Las direcciones de origen y destino de la capa de Internet son todo lo que necesitan esos routers para enviar los paquetes a través de una serie de conexiones (saltos), hasta hacerlos llegar a su meta. Las capas de Transporte y Aplicación solo entran en juego después de que la capa de Internet haya entregado los paquetes en el equipo de destino.

Si quisieras escribir tu propia aplicación en red, probablemente solo necesitarías comunicarte con la capa de Transporte, y podrías desentenderte por completo de las capas de Internet y de Acceso. Estas son esenciales para el funcionamiento de la capa de Transporte, pero cuando se escribe un programa, no es necesario preocuparse de ninguno de los detalles de bajo nivel. El modelo de capas de red logra que resulte más sencillo escribir aplicaciones en red, ya que se pueden ignorar muchos de los complejos detalles relativos al movimiento de datos desde un equipo hasta otro.

En los siguientes capítulos, hablaremos acerca de estas cuatro capas con mayor detalle.

2.6. Glosario

cliente: En una aplicación en red, la aplicación cliente es aquella que solicita servicios o inicia las conexiones.

fibra óptica: Una tecnología de transmisión de datos que codifica información utilizando luz y envía esa luz a través de un filamento muy largo de vidrio fino o plástico. Las conexiones de fibra óptica son rápidas y pueden cubrir grandes distancias.

índice u offset: La posición relativa de un paquete dentro de un mensaje completo o de una cadena de datos.

**servidor*: En una aplicación en red, la aplicación servidor es aquella que responde a las peticiones de servicios o aguarda la recepción de conexiones de entrada.

tamaño de ventana: La cantidad de datos que puede enviar el equipo emisor antes de detenerse y esperar una confirmación (del equipo receptor).

2.7. Cuestionario

1. ¿Por qué los ingenieros utilizan un "modelo" a la hora de abordar la resolución de un problema grande y complejo?

    a) Porque les permite construir algo pequeño y probarlo en un túnel de viento
    b) Porque discutir sobre un modelo les permite retrasar el comienzo del trabajo duro de verdad
    c) Porque pueden dividir un problema en un conjunto de problemas más pequeños que pueden ser resueltos cada uno de forma independiente
    d) Porque les ayuda a desarrollar herramientas de marketing

2. ¿Cual es la capa superior del modelo de red usado en las redes TCP/IP?

    a) Aplicación
    b) Transporte
    c) Internet
    d) Acceso al medio

3. ¿Cuál de las capas se ocupa de trasladar un paquete de datos a través de una única conexión física?

   a) Aplicación
   b) Transporte
   c) Internet
   d) Acceso al medio

4. ¿Qué significa CSMA/CD?

   a) Acceso Múltiple con Escucha de Portadora y Detección de Colisiones (*Carrier Sense Multiple Access with Collision Detection*)
   b) Acceso al Medio con Escucha de Colisiones y Dirección Continua (*Collision Sense Media Access with Continuous Direction*)
   c) Distribución del Medio con Espacio Correlativo y División Constante (*Correlated Space Media Allocation with Constant Division*)
   d) Direccionamiento Múltiple de la División del Canal de Estado Constante (*Constant State Multiple Address Channel Divison*)

5. ¿Cual es la función de la capa de Internet?

   a) Asegurarse de que no se pierden datos durante el recorrido
   b) Hacer que un paquete de datos se mueva a través de múltiples redes desde su origen hasta su destino
   c) Asegurarse de que solo pueden usar Internet aquellos usuarios que han iniciado sesión
   d) Garantizar que el WiFi se comparta correctamente entre varios equipos

6. Además de los datos y direcciones de origen y destino, ¿qué más se necesita para asegurarse de que un mensaje pueda ser reconstruido cuando alcanza su destino?

   a) Un offset o índice que indique la posición que ocupa el paquete respecto al inicio del mensaje
   b) Una ubicación a la que enviar los datos si el equipo de destino está apagado
   c) Una versión comprimida y otra sin comprimir de los datos del paquete

2.7. CUESTIONARIO

   d) Las coordenadas GPS del equipo de destino

7. ¿Qué es el "tamaño de ventana"?

   a) La suma de la longitud y anchura de un paquete
   b) El tamaño máximo de un único paquete
   c) El número máximo de paquetes que pueden formar un mensaje
   d) La cantidad máxima de datos que un equipo puede enviar antes de recibir una confirmación de recepción

8. En una aplicación de red típica cliente/servidor, ¿dónde se ejecuta la aplicación cliente?

   a) En tu portátil (laptop), computadora o móvil (celular)
   b) En un punto de acceso inalámbrico
   c) En el router más cercano
   d) En un cable de fibra óptica submarino

9. ¿Qué significa URL?

   a) Enlace de Enrutamiento Universal (*Universal Routing Linkage*)
   b) Lógica de Retransmisión Uniforme (*Uniform Retransmission Logic*)
   c) Localizador Uniforme de Recursos (*Uniform Resource Locator*)
   d) Lista de Recuperación Unificada (*Unified Recovery List*)

Capítulo 3

La Capa de Acceso al medio

La capa inferior de nuestra arquitectura de Internet es la capa de Acceso al medio. Le llamamos la "capa inferior" porque es la más próxima al medio físico de la red. Habitualmente, la capa de Acceso transmite datos usando un cable, fibra óptica, o una señal de radio. Un aspecto clave de la capa de Acceso es que habitualmente los datos solo pueden ser transmitidos durante una parte del recorrido desde el equipo de origen hasta el de destino. Una Ethernet cableada, el WiFi, y la red de telefonía móvil (celular) son ejemplos de capas de acceso que pueden transmitir datos a distancias de alrededor de un kilómetro. Los cables de fibra óptica, en particular los tendidos bajo los océanos, pueden transmitir datos a distancias de miles de kilómetros. Los enlaces por satélite también pueden enviar datos a largas distancias.

Independientemente de la distancia a la que podamos enviar los datos, estos estarán viajando tan solo a través una única conexión, y para alcanzar el equipo de destino final necesitarán que se produzca posteriormente el reenvío de los paquetes a través de múltiples conexiones. En esta sección veremos en detalle cómo funciona una de las capas de acceso más habituales. El WiFi es un buen ejemplo para estudiar los múltiples problemas que deben resolverse en la capa de acceso.[1]

---

[1]Durante la descripción, simplificaremos parte de los detalles técnicos para que sean más fáciles de entender.

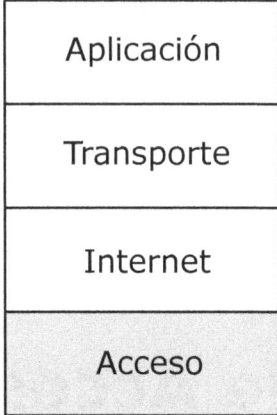

Figura 3.1: La capa de Acceso al medio

3.1. Compartiendo el aire

Cuando tu portátil (laptop) o teléfono usan el WiFi para conectarse a Internet, están enviando y recibiendo datos a través de un pequeño emisor/receptor de radio de baja potencia. El emisor de tu equipo solo puede enviar datos a una distancia de alrededor de 300 metros, de modo que el dispositivo envía los paquetes al router de tu casa, que a su vez los reenvía usando una conexión con el resto de Internet. A veces, ese primer router que gestiona los paquetes de tu equipo recibe el nombre de "estación base", "puerta de acceso" o "gateway".

Todos los equipos que estén lo suficientemente cerca de la estación base, con sus receptores de radio encendidos, reciben todos los paquetes que transmite la estación base, independientemente de a qué equipo vaya supuestamente dirigido cada uno. También pueden "captar" todos los paquetes enviados por cualquier equipo cercano. De modo que tu dispositivo necesita un modo de saber qué paquetes le corresponde gestionar a él y cuáles van dirigidos a otros equipos y puede ignorar tranquilamente.

Un efecto secundario interesante, derivado del hecho de que todos los equipos dentro del rango de cobertura puedan captar todos los paquetes, es que un equipo malintencionado puede estar también escuchando y capturando tus paquetes, incluso recibiendo datos importantes como números de cuenta bancaria o contraseñas de acceso a servicios online. Más adelante volveremos a tratar el asunto de la protección de datos frente a ojos y oídos

3.1. COMPARTIENDO EL AIRE

curiosos.

Todos los receptores WiFi de todos los dispositivos construidos reciben un número de serie único en el momento de su fabricación. Esto significa que cada uno de los equipos que usa el WiFi tiene su propio número de serie, y que el emisor de radio de la puerta de acceso dispone también de su propio identificador. Normalmente es posible acceder a la pantalla de ajustes del dispositivo y averiguar cual es el número de serie del emisor WiFi del aparato. Generalmente se muestra de un modo similar a este:

```
0f:2a:b3:1f:b3:1a
```

Se trata únicamente de una representación de un número de serie de 48 bits, que pertenece al emisor WiFi del aparato. También recibe el nombre de "Control de Acceso al Medio" o dirección "MAC", por sus siglas en inglés (*Media Access Control*). Una dirección MAC es como el "remite" o "destino" en una postal. Cada paquete (postal de radio) enviado a través del WiFi tiene una dirección de origen y otra de destino, de modo que todos los equipos saben qué mensajes son los suyos.

Cuando enciendes tu computadora y te conectas a una red WiFi, tu equipo necesita averiguar cuál de las direcciones MAC del WiFi puede utilizar para enviar paquetes al router. Cuando te desplazas desde una ubicación física a otra, tu equipo irá comunicándose con diferentes puertas de acceso, y cada una de ellas tendrá un número de serie diferente. Por eso, cuando te conectas por primera vez a una red WiFi nueva, tu equipo debe descubrir cual es la dirección MAC de la puerta de acceso de ese WiFi en concreto.

Para ello, tu equipo envía un mensaje especial a la dirección de difusión, haciéndole esta pregunta en concreto: "¿Quién es el encargado de este WiFi?". Como tu equipo ya sabe que él mismo no es la puerta de acceso, envía el mensaje de difusión con su propio número de serie como dirección del "remitente" (*from*), y con la dirección de difusión como la de "destino" (*to*), para preguntar si hay alguna puerta de acceso (*gateway*) presente en la red WiFi.

```
From: 0f:2a:b3:1f:b3:1a
To:   ff:ff:ff:ff:ff:ff
Data: ¿Quién es la puerta de acceso MAC
      en esta red?
```

Si hay una puerta de acceso en la red, esta responde a nuestro equipo enviándole un mensaje que indica cuál es su número de serie.

```
From: 98:2f:4e:78:c1:b4
To: 0f:2a:b3:1f:b3:1a
Data: Yo soy la puerta de acceso
   Bienvenido a mi red
```

Si no se obtiene respuesta, tu equipo espera unos cuantos segundos y luego asume que no existe puerta de acceso para esa red. Cuando no hay puerta de acceso, el dispositivo puede mostrar un icono WiFi diferente u ocultar el icono correspondiente al WiFi. Algunas veces existe más de una puerta de acceso, pero de momento vamos a pasar ese caso por alto, porque se trataría de una situación un poco más compleja y no demasiado habitual.

Una vez que tu equipo recibe un mensaje con la dirección MAC de la puerta de acceso, ya puede usar esa dirección para enviarle aquellos paquetes que desea que la puerta de acceso reenvíe hacia Internet. A partir de ese momento, todos los paquetes de nuestro equipo disponen ya del número de serie real del destinatario. Se intenta usar la dirección de difusión lo menos posible, ya que todos los equipos conectados a la red WiFi reciben y procesan todos los mensajes enviados a esa dirección, para asegurarse de que dichos mensajes no van destinados a ellos.

3.2. Cortesía y coordinación

Dado que muchos equipos comparten las mismas frecuencias de radio, resulta importante coordinar el modo en que envían los datos. Cuando hay una multitud de gente en una habitación, no pueden hablar todos al mismo tiempo, o nadie se enteraría de nada. Lo mismo ocurre cuando múltiples emisores WiFi transmiten al mismo tiempo en la misma frecuencia. De modo que necesitaremos algún método para coordinar todos los emisores y conseguir un uso mejor de las frecuencias compartidas. Veremos los fundamentos de los métodos técnicos que se utilizan para evitar la pérdidas de datos debidas a las "colisiones" de transmisiones.

La primera técnica recibe el nombre de "Escucha de Portadora", o *"Carrier Sense"*. Esta técnica consiste en escuchar primero si hay una transmisión, y si existe una en marcha en ese momento, esperar hasta que esta finaliza. Puede parecer que habría que esperar mucho tiempo, pero dado que todos los mensajes se dividen en paquetes, normalmente un equipo solo tiene que esperar hasta que el equipo que está enviando datos en ese momento termina con un paquete, y en cuanto eso sucede el primero dispone de la oportunidad de enviar sus propios datos.

Si el receptor WiFi de un equipo se pone a la escucha, y solo detecta silencio, puede comenzar a transmitir. Pero, ¿qué ocurre si el emisor WiFi de otro equipo también quiere enviar un paquete, detecta el mismo silencio y decide comenzar a transmitir exactamente al mismo tiempo? Si dos o más emisores WiFi comienzan a transmitir a la vez, todos los datos se corrompen y ambos paquetes se pierden. De modo que una vez que un emisor WiFi comienza a enviar un paquete, es importante para él escuchar para asegurarse de que puede recibir sus propios datos. Si no está recibiendo lo mismo que está enviando, el emisor WiFi asume que ha ocurrido una colisión (esto recibe el nombre de Detección de Colisiones), y deja de transmitir, ya que sabe que el receptor WiFi de destino no recibirá los datos correctos.

Los humanos hacemos algo parecido en una habitación llena de gente. Cuando dos personas empiezan a hablar al mismo tiempo, se dan cuenta enseguida de que hay otra persona hablando, y ambos se callan enseguida. Pero el problema viene a la hora de reanudar la conversación. Después de una larga pausa, es habitual que ambas personas comiencen a hablar exactamente al mismo tiempo *de nuevo*. Esto puede ocurrir una y otra vez, y cada una de las personas dirá "No, tú primero" varias veces, para intentar reanudar de nuevo la conversación. Puede resultar incluso cómico a veces.

Los emisores WiFi de dos equipos que envían paquetes que colisionan, son capaces de resolver ese problema mucho mejor que la gente. Cuando los emisores WiFi detectan una colisión o una transmisión fallida, esperan un periodo de tiempo calculado aleatoriamente antes de volver a iniciar la transmisión. La reglas para calcular ese tiempo de espera aleatorio fueron establecidas para asegurarse de que los dos emisores que han colisionado eligen diferentes periodos de espera antes de intentar volver a transmitir de nuevo sus paquetes.

El proceso de escuchar, transmitir, escuchar, esperar y reintentar si es necesario, recibe el nombre formal de "Acceso Múltiple con Escucha de Portadora y Detección de Colisiones" (*Carrier Sense Multiple Access with Collision Detection*), o CSMA/CD.

Puede parecer un poco caótico el hecho de simplemente "probar a enviar" y luego "probar otra vez" si nuestra transmisión colisiona con la de otro emisor. Pero, en la práctica, funciona bien. Existe una categoría completa de capas de Acceso que usan este método básico de escucha, transmisión, escucha y reintento opcional.

La Ethernet cableada, los datos de telefonía móvil (celular), e incluso el servicio de mensajería corta (SMS/Texting), son algunos de los que utilizan este método de "intentar y luego reintentar".

3.3. Coordinación en otras capas de Acceso

A veces, cuando una capa de acceso tienen muchos equipos transmitiendo a la vez y necesita operar a casi el 100 % de eficiencia durante largos periodos de tiempo, el diseño elige un método distinto. Según ese método, existe un "testigo" (*token*) que indica cuándo se le concede a cada puesto la oportunidad para transmitir sus datos. Los puestos no pueden iniciar una transmisión a menos que tengan el testigo. En vez de escuchar hasta captar "silencio" y entonces iniciar su transmisión, deben esperar a que les llegue su turno.

Cuando un puesto recibe el testigo y tiene un paquete para enviar, realiza el envío. Una vez enviado el paquete, ese puesto cede el turno y espera hasta que le corresponde de nuevo el testigo. Si ninguno de los puestos tiene ningún dato para enviar, el testigo se va moviendo de un equipo al siguiente tan rápido como se pueda.

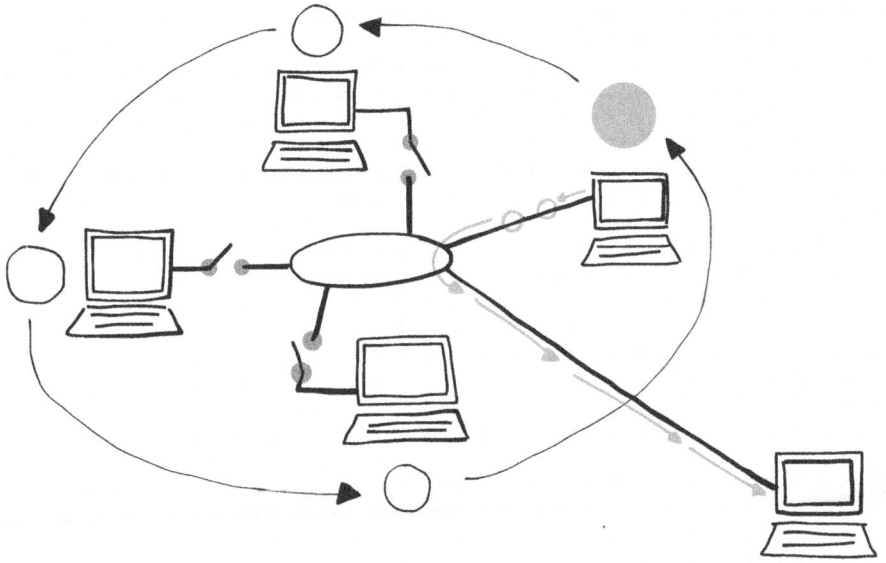

Figura 3.2: Comunicación con testigo

Un grupo de gente reunidos, sentados en círculo uno al lado de otro, podrían comunicarse sin interrumpir a los demás usando una bola pequeña, que irían pasando de unos a otros, de modo que solo aquella persona que tuviera la bola dispondría de permiso para hablar. Cuando te llegase la bola, si tuvieras algo que decir podrías hablar durante un corto periodo de tiempo (transmitir un paquete de palabras), y luego le pasarías la bola al siguiente.

El método de "probar y volver a probar" CSMA/CD funciona muy bien cuando no existen datos en circulación o se está enviado una cantidad de datos entre baja y moderada. Pero en una red de tipo testigo o *token*, si en un momento determinado nadie está enviando datos y se quiere enviar un paquete, habría que esperar un rato de todos modos antes de recibir el testigo y poder comenzar la transmisión. Al terminar el envío, habría que esperar de nuevo hasta que el testigo volviera, antes de poder enviar el siguiente paquete. Si solo hay un equipo enviando datos, se emplearía una buena cantidad de tiempo esperando a que el testigo volviera a él, después de haber pasado por todos los demás equipos.

El método del testigo es el más adecuado cuando se utiliza un medio de conexión como un enlace de satélite o un cable submarino de fibra óptica, en los cuales se puede tardar mucho o resultar excesivamente costoso detectar una colisión. El método CSMA/CD (escuchar-probar) es el más adecuado cuando el medio es económico, se trata de cortas distancias, y hay un montón de equipos compartiendo el medio que solo envían datos en ráfagas cortas. Por eso el WiFi (y CSMA/CD) resulta tan efectivo para proveer acceso de red en cafeterías, hogares o aulas en un colegio.

3.4. Resumen

Hasta el momento, hemos examinado la capa "inferior" de nuestro modelo de cuatro capas. Y simplemente hemos echado un vistazo a la forma en que funciona la Capa de Acceso al medio. Existen muchos más detalles a tener en cuenta al diseñar una capa de acceso, como son la distancia de conexión, el voltaje, la frecuencia, la velocidad, y muchos otros.

Una ventaja clave del modelo de capas es que los ingenieros que diseñan y construyen tecnologías para las capas de Acceso pueden ignorar todas las cuestiones que atañen a las demás capas que están por encima de ella. Esto les permite centrarse en construir la mejor solución posible para hacer circular los datos a través de un único "salto". Las capas de acceso actuales, como WiFi, satélite, módems de cable, Ethernet, y tecnología para móviles (celulares), están muy bien desarrolladas. Los datos circulan tan eficaz y rápidamente que una vez que se consigue establecer la conexión, rara vez hay que volver a preocuparse por la capa de Acceso. Simplemente, funciona.

3.5. Glosario

difusión: Envío de un paquete de un modo "especial", que consigue que todos los equipos conectados a una red de área local lo reciban.

dirección MAC: Una dirección que se asigna a un componente físico de una red durante la fabricación de ese dispositivo.

estación base: Otro modo de llamar al primer router que gestiona los paquetes cuando estos son reenviados hacia Internet.

puerta de acceso (gateway): Un router que conecta una red de área local con una red de área amplia, como puede ser Internet. Los equipos que quieran enviar datos más allá de la red local deben enviar sus paquetes a la puerta de acceso, para que esta los reenvíe al exterior.

testigo (token): Una técnica que permite que múltiples equipos puedan compartir el mismo medio físico evitando las colisiones. Cada equipo debe esperar hasta que recibe el testigo o *token* antes de poder enviar datos.

3.6. Cuestionario

1. Cuando utilizas una red WiFi para comunicarse con Internet, ¿a dónde envía sus paquetes tu equipo?

   a) A la puerta de acceso (*gateway*)
   b) Al satélite
   c) A la torre de telefonía móvil (celular)
   d) A la oficina central de Internet

2. ¿Quién asigna la dirección de acceso/física a un dispositivo de red?

   a) Una torre de telefonía móvil (celular)

3.6. CUESTIONARIO

b) La Autoridad de Asignación de Números de Internet (IANA)
c) El fabricante del dispositivo de conexión
d) El gobierno

3. ¿Cuál de las siguientes es una dirección de acceso?

a) 0f:2a:b3:1f:b3:1a
b) 192.168.3.14
c) www.khanacademy.com
d) @drchuck

4. ¿Cómo localiza un equipo la puerta de acceso de una red WiFi?

a) Dispone de una dirección de puerta de acceso, instalada por el fabricante
b) Retransmite una petición, solicitando la dirección de la puerta de acceso
c) Envía un mensaje de forma repetida a todas las posibles direcciones de puertas de acceso, hasta que encuentra una que funciona
d) El usuario debe introducir la dirección de la puerta de acceso manualmente

5. Cuando un equipo quiere enviar datos a través de una red WiFi, ¿qué es lo primero que debe hacer?

a) Escuchar para comprobar si otros equipos están enviando datos
b) Simplemente, empezar a enviar los datos sin más
c) Enviar un mensaje a la puerta de acceso, pidiendo permiso para transmitir
d) Esperar hasta que reciba aviso de que ha llegado su turno para transmitir

6. ¿Qué hace un puesto conectado a una red WiFi cuando intenta enviar datos y se da cuenta de que se ha producido una colisión?

a) Continúa enviando el mensaje para que de todos modos llegue al menos una parte

b) Espera hasta que la puerta de acceso le informa de que la colisión ha terminado
c) Reinicia inmediatamente la transmisión del mensaje desde el principio
d) Deja de transmitir y espera un periodo de tiempo aleatorio antes de reiniciar la transmisión

7. Cuando un puesto quiere enviar datos a través de una red de tipo testigo (*token*), ¿qué es lo primero que debe hacer?

a) Escuchar para comprobar si otros equipos están enviando datos
b) Simplemente, empezar a enviar los datos sin más
c) Enviar un mensaje a la puerta de acceso, pidiendo permiso para transmitir
d) Esperar hasta que reciba aviso de que ha llegado su turno para transmitir

Capítulo 4

La Capa de Internet (IP)

Ahora que ya podemos mover los datos a través de un único enlace, es el momento de averiguar cómo desplazarlos hasta la otra parte del país o alrededor del mundo. Para enviar datos desde un equipo hasta cualquiera de los miles de millones de destinos posibles, los datos necesitan moverse a través de múltiples saltos y a través de múltiples redes. Cuando viajas desde tu hogar hasta un destino lejano, puedes caminar desde tu casa hasta una parada de autobús, tomar un tren hasta la ciudad, tomar otro tren hasta el aeropuerto, tomar un avión hasta otro aeropuerto, tomar un taxi dentro de la ciudad, luego un tren hasta una ciudad más pequeña, un autobús hasta otra aún más pequeña y finalmente caminar desde la parada del autobús hasta tu hotel. Un paquete también necesitará tomar múltiples medios de transporte para alcanzar su destino. Para un paquete que esté realizando su "viaje" hasta otro país, el "caminar", ir en "autobús", "tren" y "avión" sería equivalente a usar las diferentes capas de conexión, es decir: WiFi, Ethernet, fibra óptica, y satélite.

En cada fase del viaje, tú (o tu paquete), estaréis usando un medio de transporte compartido. Puede haber cientos de personas en el mismo autobús, tren o avión, pero tu viaje es diferente del de cualquier otro viajero, dependiendo de las decisiones que vayas tomando al final de cada uno de los "saltos". Por ejemplo, cuando llegues a la estación de ferrocarril, podrías bajarte del tren, luego caminar a través de la estación y elegir un determinado convoy de salida para continuar con tu viaje. Los viajeros con diferentes puntos de partida y de destino realizarán una serie de elecciones diferentes. Todas las elecciones que realizas durante tu viaje dan como resultado el que sigas una serie de conexiones (o saltos) a lo largo de una ruta que te lleva desde tu punto de partida hasta tu destino.

Figura 4.1: Paquetes viajando

A medida que tu paquete viaja desde su punto de partida hacia su destino, también pasa a través de varias "estaciones", en cada una de las cuales se decide a cuál de las conexiones de salida será reenviado. En el caso de los paquetes, esas estaciones se llaman "routers". Como en las estaciones de tren, los routers tienen múltiples conexiones de entrada y de salida. Algunas conexiones pueden ser de fibra óptica, otras pueden utilizar satélites, y otras pueden ser inalámbricas. El cometido del router es asegurarse de que los paquetes se desplazan a través de él y terminan en la capa de acceso de salida correcta. Un paquete típico pasa a través de entre cinco y veinte routers cuando se mueve desde su origen hasta su destino.

Pero a diferencia de una estación de trenes, donde tienes que mirar a las pantallas para averiguar cuál es el siguiente tren que debes tomar, el router se fija en la dirección de destino para decidir qué conexión de salida tiene que tomar tu paquete. Es como si un empleado de la estación de trenes se reuniera con cada persona que se bajase del tren, les preguntase a dónde se dirigen y les acompañase hasta su siguiente tren. ¡Si fueras un paquete, ya nunca más necesitarías consultar otra pantalla con la lista de horarios de trenes y recorridos!

El router es capaz de determinar rápidamente la conexión de salida para tu paquete porque cada uno de esos paquetes lleva marcado cual es su dirección de destino final. Esta recibe el nombre de Dirección de Protocolo de Internet (*Internet Protocol Address*) o dirección IP, para abreviar. Las direcciones IP se eligen con cuidado para que la labor de reenvío de paquetes que realiza el router sea lo más eficiente posible.

4.1. Direcciones de Protocolo de Internet (IP)

En el capítulo anterior, cuando hemos hablado acerca de las direcciones de la capa de Acceso, dijimos que las direcciones de acceso eran asignadas durante el proceso de fabricación del hardware, y que se conservaban constantes durante toda la vida del equipo. No se pueden usar las direcciones de capa de acceso para encaminar paquetes a través de varias redes, ya que no existe relación entre una dirección de capa de acceso y la ubicación física en la cual ese equipo está conectado a la red. Con equipos portátiles y teléfonos móviles (celulares) moviéndose constantemente, el sistema necesitaría rastrear cada equipo individual a medida que se va moviendo de un sitio a otro. Y con miles de millones de equipos conectados a la red, usar las direcciones de la capa de acceso para tomar decisiones de enrutamiento resultaría lento e ineficiente.

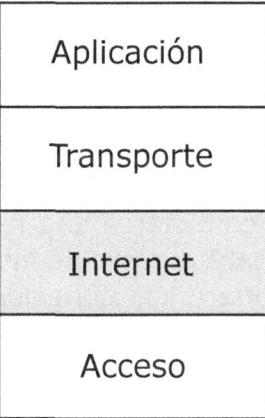

Figura 4.2: La Capa de Internet

Para hacer todo esto más sencillo, lo que se hace es asignar otra dirección a cada equipo, basada en dónde está ese dispositivo conectado a la red. Existen dos versiones diferentes de las direcciones IP. Las antiguas (clásicas) direcciones IPv4 consisten en cuatro números separados por puntos, con un aspecto como este:

212.78.1.25

Cada uno de los números solo puede ir desde 0 hasta 255. Actualmente existen tantos equipos conectados a Internet que nos estamos quedando sin direcciones IPv4 para asignarles. Las direcciones IPv6 son más largas y tienen este aspecto:

2001:0db8:85a3:0042:1000:8a2e:0370:7334

Durante este capítulo nos centraremos en las direcciones clásicas IPv4, pero todos los conceptos se pueden aplicar tanto a las direcciones IPv4 como a las IPv6.

El aspecto más importante acerca de las direcciones IP es que pueden dividirse en dos partes.[1] La primera parte de la dirección recibe el nombre de "Dirección de Red". Si dividimos una dirección IPv4 en dos partes, tendríamos lo siguiente:

Dirección de Red: 212.78
Identificador de Dispositivo: 1.25

La idea es que muchos equipos puedan estar conectados a Internet a través de una única conexión. Un campus universitario entero, una escuela o un negocio podrían conectarse usando una única dirección de red, o solo unas pocas. En el ejemplo anterior, 65.536 equipos podrían conectarse a la red usando la dirección de red "212.78". Como para el resto de Internet todos esas equipos aparecerían como una única conexión, todos los paquetes con una dirección IP del tipo:

212.78.*.*

---

[1] Una dirección IP se puede dividir de muchas maneras diferentes para obtener su "Dirección de red" (*Network Number*) e "Identificador de Dispositivo" (*Host Identifier*) - en este ejemplo, tan solo partiremos la dirección por la mitad.

podrían ser dirigidos hacia la misma ubicación.

Al usar este método de la dirección de red y el identificador de dispositivo, los routers ya no necesitan tener localizados a miles de millones de equipos individuales. En vez de eso, tan solo necesitan realizar el seguimiento de tal vez un millón o menos de direcciones de red diferentes.

De modo que cuando un paquete llega a un router y ese router tiene que decidir a qué conexión de salida debe enviarlo, no tiene que fijarse en la dirección IP completa. Tan solo tiene que fijarse en la primera parte de la dirección para determinar cuál es la mejor conexión de salida.

4.2. Cómo determinan las rutas los routers

A pesar de que la idea de concentrar muchas direcciones IP en una única dirección de red reduce enormemente el número de puntos de destino individuales que un router debe rastrear para encaminar correctamente los paquetes, cada router sigue necesitando un modo de averiguar el camino desde su propia ubicación hasta cada una de las direcciones de red con las que puede encontrarse.

Cuando un router central nuevo se conecta a Internet, este no conoce todas las rutas. Puede conocer unas pocas que tenga preconfiguradas, pero para construir una imagen que le ayude a dirigir los datos hacia su destino, deberá ir descubriendo las rutas a medida que vaya encontrando paquetes. Cuando un router recibe un paquete que aún no sabe cómo encaminar, pregunta a los routers que son sus "vecinos". Los routers vecinos que conocen la ruta hacia esa dirección de red, envían sus datos de vuelta hacia el router que les ha preguntado. Algunas veces los routers vecinos tienen que preguntar a su vez a sus propios vecinos, y así sucesivamente hasta que se encuentra realmente la ruta y esta se envía de vuelta al router que la solicitó.

En el caso más simple, un router central nuevo se conectaría a Internet e iría construyendo poco a poco un mapa, relacionando direcciones de red con conexiones de salida, de modo que pudiera encaminar adecuadamente los datos, basándose en la dirección IP de cada uno de los paquetes de entrada. Ese mapa que relaciona direcciones de red con conexiones de salida recibe el nombre de "tabla de enrutamiento" o "tabla de encaminamiento" de un router concreto.

Cuando Internet funciona con normalidad, cada router dispone de una tabla de enrutamiento relativamente completa, y rara vez se encuentra con una dirección de red nueva. La primera vez que un router se topa con un paquete destinado a una dirección de red nueva, averigua la ruta hacia esa dirección de red y ya no necesita redescubrir esa ruta de nuevo, a no ser que se produzca algún cambio o algo vaya mal. Esto quiere decir que el router realiza una búsqueda para el primer paquete, pero luego puede encaminar los siguientes miles de millones de paquetes hacia esa dirección de red sin más que usar la información de la que ya dispone en sus tablas de enrutamiento.

4.3. Cuando las cosas empeoran y mejoran

A veces la red tiene problemas y un router debe buscar un camino alternativo para encaminar los datos evitando esos problemas. Un problema muy habitual es que alguna de las conexiones de salida falle. Tal vez porque alguien se haya tropezado con un cable y haya desenchufado una línea de fibra óptica. En ese momento, el router tiene un puñado de direcciones de red a las que intenta acceder a través de esa conexión que ha fallado. La recuperación cuando un router pierde una conexión de salida resulta sorprendentemente simple. El router descarta todas las entradas de su tabla de enrutamiento que están siendo encaminadas a través de esa conexión. A medida que van llegando más paquetes para esas direcciones de red, el router realiza de nuevo el proceso de descubrimiento de rutas, esta vez preguntando a todos los routers vecinos excepto a aquellos con los que se ha interrumpido el contacto por culpa de la conexión perdida.

Los paquetes son encaminados más lentamente durante un rato, mientras que las tablas de enrutamiento van siendo reconstruidas para reflejar la nueva configuración de la red, pero pasado un tiempo las cosas vuelven a discurrir con normalidad.

Ese es el motivo por el cual es importante que existan siempre al menos dos caminos independientes desde una red de origen hasta otra de destino dentro del núcleo de la red. Si existen siempre al menos dos posibles rutas independientes, se dice que una red es una "red bi-conectada" (*two-connected network*). Una red bi-conectada puede recuperarse de cualquier corte en una de sus conexiones. En lugares donde hay muchas conexiones de red, como en la costa Este de los Estados Unidos, la red puede perder muchas conexiones sin llegar nunca a quedar completamen-

4.3. CUANDO LAS COSAS EMPEORAN Y MEJORAN

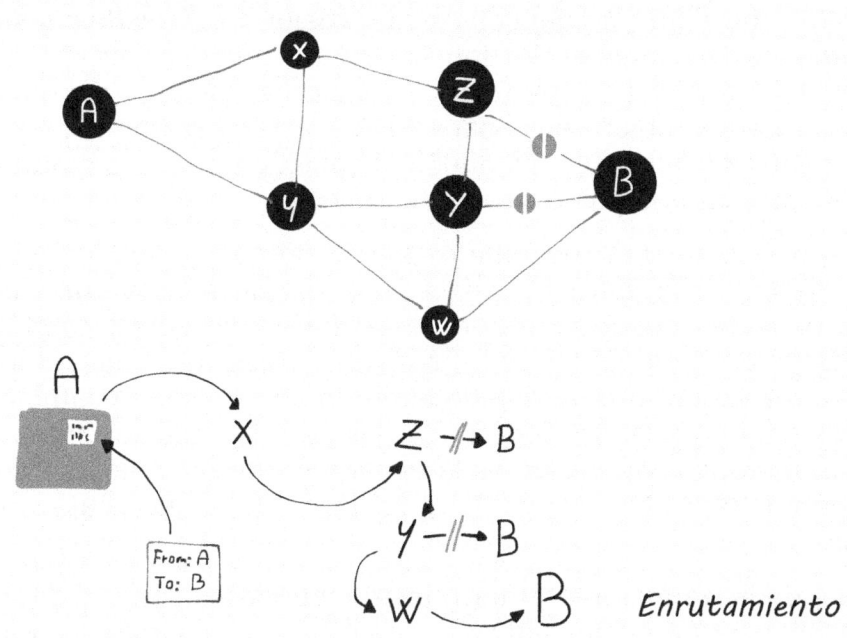

Figura 4.3: Enrutamiento dinámico

te desconectada. Pero cuando estás en tu casa o colegio y solo dispones de una única conexión, si esa conexión se interrumpe quedas desconectado por completo.

En algún momento la conexión interrumpida será reparada o se establecerá una nueva, y el router querrá hacer un uso mejor de esas nuevas conexiones. El router siempre está interesado en mejorar sus tablas de enrutamiento, y aprovecha cualquier oportunidad para hacerlo durante su tiempo libre. Cuando las comunicaciones están en calma, un router pedirá a algún otro vecino todas o parte de sus tablas de enrutamiento. El router buscará dentro de las tablas del vecino y, si le parece que el otro router dispone de alguna ruta mejor para una dirección de red concreta, actualizará su propia tabla de redes para reenviar los paquetes destinados a esa dirección de red a través de la conexión que le ha proporcionado el otro router.

Con estas soluciones para los cortes y el intercambio de la información de la tabla de enrutamiento, los routers pueden reaccionar rápidamente ante los cortes en la red y redirigir los paquetes desde conexiones caídas o lentas hacia aquellas que están activas y/o son más rápidas. Al mismo tiempo, cada router está comunicándose con otros routers vecinos para buscar modos de mejorar su propia tabla de enrutamiento. Aunque no hay un dispositivo central que les diga cual es la "mejor ruta" desde cualquier origen hasta cualquier destino, los routers son capaces casi siempre de determinar el camino más rápido entre esos dos puntos. Los routers también son capaces de detectar y encaminar dinámicamente los paquetes evitando las conexiones lentas o aquellas que están temporalmente sobrecargadas.

Uno de los efectos secundarios del modo que tienen los routers de descubrir la estructura de la red es que la ruta que siguen los paquetes desde el origen hasta el destino puede cambiar a lo largo del tiempo. Incluso enviando un paquete seguido inmediatamente por otro, y debido al modo en que son encaminados esos paquetes, el segundo puede llegar a su destino antes que el primero. La capa IP no es la encargada de preocuparse por el orden de los paquetes; ya tiene bastante de lo que ocuparse sin eso.

Cuando lanzamos a Internet nuestros paquetes con sus direcciones IP de origen y destino, lo hacemos de modo similar a cuando depositamos un puñado de cartas en el correo en la oficina postal. Los paquetes encontrarán cada uno su propio camino a través del sistema y llegarán a sus destinos.

4.4. Trazando tu ruta

No hay ningún dispositivo en Internet que conozca de antemano la ruta que seguirán los paquetes desde tu equipo hasta un destino concreto. Incluso los routers que participan reenviando los paquetes a través de Internet ignoran la ruta completa que tomarán estos. Lo único que saben es a qué conexión deben enviar los paquetes para acercarlos a su destino definitivo.

Pero resulta que la mayoría de los equipos disponen de una herramienta de diagnóstico de red llamada "*traceroute*" (o "*tracert*", dependiendo del sistema operativo), que te permite trazar la ruta entre tu equipo y otro de destino. Dado que la ruta entre ambos equipos puede cambiar de un paquete a otro, cuando "trazamos" una ruta, se trata tan solo de una "suposición bastante precisa" de la ruta real que tomarían los paquetes.

El comando *traceroute* en realidad no "traza la ruta" de ningún paquete. Lo que hace es aprovecharse de una característica del protocolo de red IP que fue diseñada para evitar que los paquetes se quedasen "atrapados" en la red sin poder alcanzar nunca su

4.4. TRAZANDO TU RUTA

destino. Antes de que estudiemos esos trazados de rutas, echaremos un vistazo rápido a cómo un paquete puede quedar atrapado en la red para siempre y qué hace el protocolo IP para resolver ese problema.

Recuerda que la información de la que dispone cada router individual es imperfecta, ya que se trata tan solo de una aproximación acerca de cual sería la mejor conexión de salida para alcanzar una dirección de red concreta, y que cada router no tiene forma de saber lo que van a hacer los demás. Pero, ¿qué ocurriría si tuviésemos tres routers con entradas en su tabla de enrutamiento que formaran un bucle infinito?

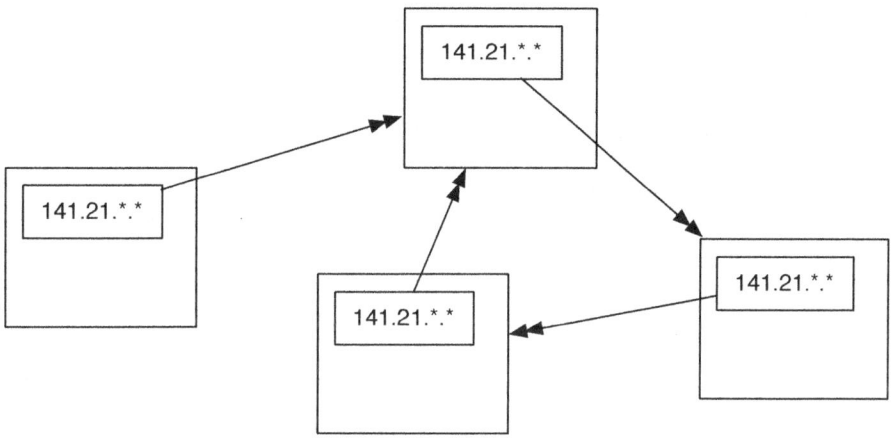

Figura 4.4: Vórtice de enrutamiento

Cada uno de los routers cree conocer la mejor conexión de salida para las direcciones IP que comienzan con "212.78". Pero de algún modo los routers están un poco liados y sus tablas de enrutamiento forman un bucle. Si un paquete con un prefijo de "212.78" buscara su camino a través de uno de esos routers, sería redirigido en círculo a través de las tres conexiones para siempre. No habría salida. A medida que llegaran más paquetes con el mismo prefijo, irían siendo añadidos al "vórtice de paquetes infinito". Muy pronto las conexiones estarían llenas de tráfico dando vueltas y más vueltas, los routers se saturarían con paquetes esperando ser enviados, y finalmente los tres routers terminarían por fallar. Este problema es peor que cuando alguien se tropieza con un cable de fibra óptica, ya que en este caso se puede terminar con varios routers bloqueados.

Para resolver este problema, los diseñadores del protocolo de Internet añadieron un número a cada paquete, denominado "Tiempo De Vida" (*Time To Live* o TTL). Este número parte de un valor de aproximadamente 30. Cada vez que un paquete IP es transmitido a través de una conexión, el router resta 1 al valor TTL. De modo que si el paquete necesita 15 saltos para cruzar Internet, emergerá al final de su destino con un TTL de 15.

Pero ahora echemos un vistazo a cómo funciona el TTL cuando hay un bucle de rutas (o "vórtice de paquetes") en una dirección de red concreta. Dado que el paquete va siendo transmitido en círculos por el bucle, al final el TTL llegará a cero. Y cuando el TTL alcance el cero, el router asumirá que algo ha ido mal y desechará el paquete. Esta solución permite que los bucles en las rutas no hagan caer áreas enteras de la red.

Se trata de un pequeña parte del diseño del protocolo de red que resulta genial. Para detectar y recuperarse de los bucles en las rutas, tan solo insertamos un número, restamos 1 a ese número en cada conexión, y cuando el número llega a cero desechamos el paquete.

Además, resulta que cuando el router desecha un paquete, normalmente envía de vuelta una notificación de cortesía, algo como "Perdón, he tenido que deshacerme de tu paquete". El mensaje incluye la dirección IP del router que desechó el paquete.

Los bucles de redes en realidad son bastante raros, pero podemos usar esta notificación de que un paquete ha sido desechado para crear un mapa de la ruta aproximada que sigue un paquete a través de la red. El programa *traceroute* envía paquetes trucados, para conseguir que los routers por los que pasan esos paquetes nos devuelvan notificaciones. Primero, el *traceroute* envía un paquete con un TTL de 1. Ese paquete llega al primer router, es desechado y tu equipo recibe una notificación desde ese primer router. Luego el *traceroute* envía un paquete con un TTL de 2. Ese paquete pasa a través del primer router y es desechado por el segundo router, que te envía una nota informando de que el paquete ha sido retirado. A continuación el *traceroute* envía otro paquete con un TTL de 3, y continúa incrementando el TTL hasta que el paquete realiza el recorrido completo hasta su destino.

Gracias a este método, el *traceroute* construye una ruta aproximada del recorrido que siguen tus paquetes a través de la red.

Se necesitan 14 saltos para ir desde Ann Arbor, Michigan hasta Palo Alto, California. Los paquetes pasan a través de Kansas, Texas, Los Angeles, y Oakland. Esta ruta puede no ser la mejor para viajar entre las dos ciudades si se está conduciendo un automóvil o desplazándose en tren, pero ese día, para los paquetes que

4.4. TRAZANDO TU RUTA

```
traceroute www.stanford.edu
traceroute to www5.stanford.edu (171.67.20.37), 64 hops max, 40 byte packets
 1  141.211.203.252 (141.211.203.252)  1.390 ms  0.534 ms  0.490 ms
 2  v-bin-seb.r-bin-seb.umnet.umich.edu (192.122.183.61)  0.591 ms  0.558 ms  0.570 ms
 3  v-bin-seb-i2-aa.merit.umnet.umich.edu (192.12.80.33)  6.610 ms  6.545 ms  6.654 ms
 4  192.122.183.30 (192.122.183.30)  7.919 ms  7.209 ms  7.122 ms
 5  so-4-3-0.0.rtr.kans.net.internet2.edu (64.57.28.36)  17.672 ms  17.836 ms  17.673 ms
 6  so-0-1-0.0.rtr.hous.net.internet2.edu (64.57.28.57)  31.800 ms  41.967 ms  31.787 ms
 7  so-3-0-0.0.rtr.losa.net.internet2.edu (64.57.28.44)  63.478 ms  63.704 ms  63.710 ms
 8  hpr-lax-hpr--i2-newnet.cenic.net (137.164.26.132)  63.093 ms  63.026 ms  63.384 ms
 9  svl-hpr--lax-hpr-10ge.cenic.net (137.164.25.13)  71.242 ms  71.542 ms  76.282 ms
10  oak-hpr--svl-hpr-10ge.cenic.net (137.164.25.9)  72.744 ms  72.243 ms  72.556 ms
11  hpr-stan-ge--oak-hpr.cenic.net (137.164.27.158)  73.763 ms  73.396 ms  73.665 ms
12  bbra-rtr.Stanford.EDU (171.64.1.134)  73.577 ms  73.682 ms  73.492 ms
13  * * *
14  www5.Stanford.EDU (171.67.20.37)  77.317 ms  77.128 ms  77.648 ms
```

Figura 4.5: Traceroute desde Michigan hasta Stanford

viajaban entre las dos ciudades, esa resultó ser la mejor ruta a través de Internet.

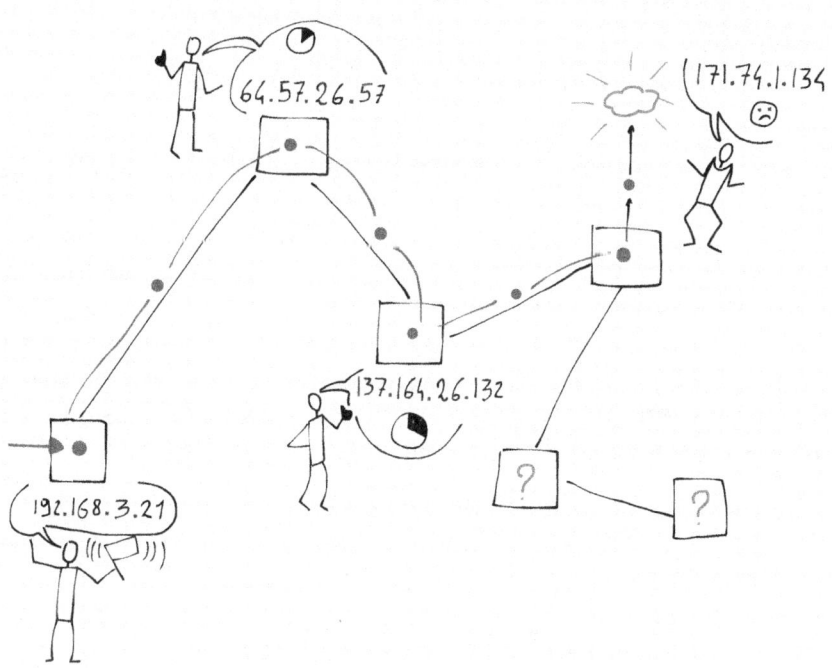

Figura 4.6: Notificaciones de paquetes retirados

También se puede ver cuánto tardan los paquetes en hacer el recorrido desde el origen hasta cada router, y luego desde el origen hasta el destino. Un milisegundo (ms) es 1/1000 segundos. De modo que 77.317 ms es un poco menos de una décima de segundo. Esa red es bastante rápida.

A veces un trazado de ruta puede tardar un poco, hasta un minuto o dos. No todos los routers enviarán el mensaje de "He descartado tu paquete". En el ejemplo anterior, el router del salto 13 se deshace de tu paquete sin decir ni siquiera "Lo siento". El *traceroute* espera el mensaje y después de unos cuantos segundos simplemente se da por vencido y aumenta el valor del TTL para continuar más allá del router maleducado.

Si ejecutas un trazado de ruta para una conexión que incluya un cable submarino, podrás ver a qué velocidad se mueven los datos bajo el mar. Aquí tenemos un trazado de ruta entre la Universidad de Michigan y la Universidad de Pekín en China.

```
$ traceroute www.pku.edu.cn
traceroute to www.pku.edu.cn (162.105.129.104), 64 hops max, 40 byte packets
 1  141.211.203.252 (141.211.203.252)  1.228 ms  0.584 ms  0.592 ms
 2  v-bin-seb.r-bin-seb.umnet.umich.edu (192.122.183.61)  0.604 ms  0.565 ms  0.466 ms
 3  v-bin-seb-i2-aa.merit-aa2.umnet.umich.edu (192.12.80.33)  7.511 ms  6.641 ms  6.588 ms
 4  192.122.183.30 (192.122.183.30)  12.078 ms  6.989 ms  7.619 ms
 5  192.31.99.133 (192.31.99.133)  7.666 ms  8.953 ms  17.861 ms
 6  192.31.99.170 (192.31.99.170)  59.275 ms  59.273 ms  59.108 ms
 7  134.75.108.209 (134.75.108.209)  173.614 ms  173.552 ms  173.333 ms
 8  134.75.107.10 (134.75.107.10)  256.760 ms 134.75.107.18 (134.75.107.18)  256.574 ms
 9  202.112.53.17 (202.112.53.17)  256.761 ms  256.801 ms  256.688 ms
10  202.112.61.157 (202.112.61.157)  257.416 ms  257.960 ms  257.747 ms
11  202.112.53.194 (202.112.53.194)  256.827 ms  257.068 ms  256.962 ms
12  202.112.41.202 (202.112.41.202)  256.800 ms  257.053 ms  256.933 ms
```

Figura 4.7: Trazado de ruta entre las universidades de Michigan y Pekín

Puedes ver cómo el paquete encuentra un largo cable submarino en los saltos siete y ocho. El tiempo pasa de menos de 1/10 de segundo a casi 1/4 de segundo. Aunque 1/4 de segundo es más lento que 1/10 de segundo, resulta bastante impresionante cuando tienes que en cuenta que el paquete está dando casi la vuelta completa alrededor del mundo en ese 1/4 de segundo.

El núcleo de nuestra red IP es extraordinario. La mayor parte del tiempo en realidad no nos damos cuenta de lo duro que tienen que trabajar los routers para asegurarse de que los paquetes se muevan rápidamente desde nuestro equipo hasta sus destinos en cualquier parte del mundo. A continuación pasaremos de estudiar cómo funciona el núcleo de la red a fijarnos en cómo se gestionan las direcciones IP en los extremos.

4.5. Obteniendo una dirección IP

Cada vez con más frecuencia, los equipos son portátiles o móviles. Acabamos de señalar la gran importancia que tiene para

4.5. OBTENIENDO UNA DIRECCIÓN IP

la capa IP el tener localizados grandes grupos de equipos usando direcciones de red, en vez de localizar cada equipo de forma individual. Pero, dado que esas direcciones de red indican una conexión física concreta a la red, cuando un equipo se mueve de una ubicación a otra, necesitará una dirección IP nueva. Recuerda que la dirección de la capa de acceso queda fijada cuando se construye el dispositivo, y no cambia nunca durante la vida del mismo. Si bajas la pantalla de tu portátil (laptop) en una cafetería y la vuelves a levantar en tu casa, usando tu WiFi doméstica, el equipo necesitará una dirección IP diferente.

La capacidad de tu equipo para obtener una dirección IP diferente cuando se mueve de una red a otra se basa en un protocolo llamado "Protocolo de Configuración Dinámica de Host" (*Dynamic Host Configuration Protocol*, o DHCP para abreviar). El DHCP es bastante sencillo. Como vimos en el capítulo dedicado a la capa de Acceso, recuerda que lo primero que hacía tu equipo en el nivel de acceso al medio era preguntar "¿Hay una estación base en esta red?", enviando un mensaje a una dirección especial de difusión. Una vez que el equipo se ha conectado con éxito a la capa de acceso a través de la estación base, envía otro mensaje de difusión, esta vez preguntando "¿Existe una puerta de acceso conectada a esta red que pueda darme salida a Internet?. Si es así, dígame cuál es su dirección IP y también la dirección IP debo usar yo en esta red".

Cuando el router que funciona como puerta de acceso contesta, tu equipo recibe una dirección IP temporal para utilizar en esa red (por ejemplo, mientras estés en la cafetería). Si el router no recibe noticias de tu equipo durante un buen rato, determina que te has marchado y cede la dirección IP a otro equipo.

Si este proceso de reutilización de direcciones IP funciona mal, dos dispositivos pueden terminar teniendo la misma dirección IP dentro de la misma red. Quizás has visto alguna vez un mensaje en tu computadora del tipo de: "Otro equipo está usando 192.168.0.5, hemos dejado de utilizar esta dirección". Tu equipo ha descubierto a otro dispositivo con una dirección de acceso distinta a la suya haciendo uso de la dirección IP que él creía tener asignada para sí.

Sin embargo, la mayor parte del tiempo este tipo de asignación dinámica de direcciones IP (DHCP) funciona perfectamente. Abres tu portátil (laptop) y en unos pocos segundos te encuentras conectado y puedes utilizar Internet. Luego puedes cerrar la pantalla, irte a un sitio diferente y recibir una dirección IP distinta para usar en esa ubicación.

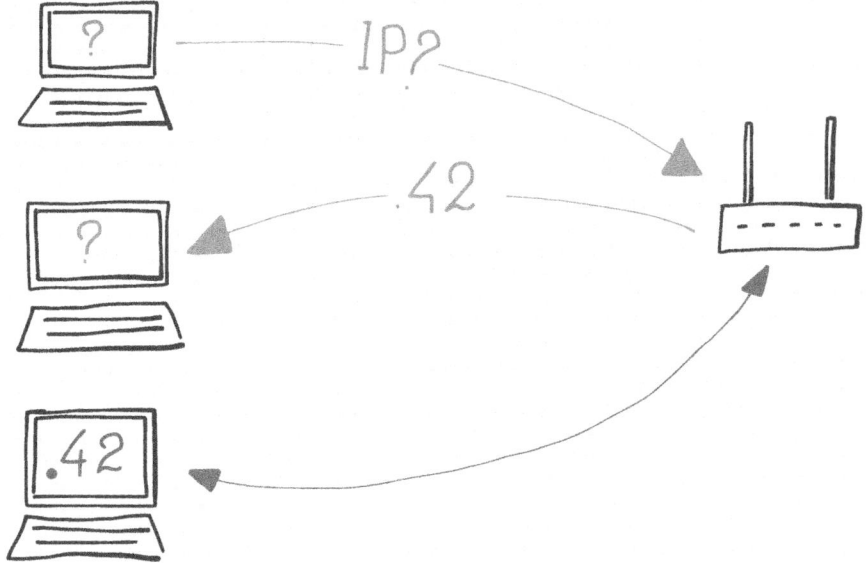

Figura 4.8: Obteniendo una dirección IP vía DHCP

En ciertos sistemas operativos, cuando un equipo se conecta a una red, envía una petición DHCP y no obtiene respuesta, decide asignarse a sí mismo una dirección IP de todos modos. A menudo esas direcciones auto-asignadas comienzan por "169...". Cuando tu equipo tiene una de esas direcciones IP auto-asignadas, cree que está conectado a una red y que tiene una dirección IP, pero sin una puerta de acceso, no puede conseguir que sus paquetes crucen la red local y salgan a Internet. Lo más que se puede lograr es que unos pocos equipos se conecten a una red local, se vean unos a otros, y jueguen a algún juego en red. No hay mucho más que se pueda hacer con esas direcciones IP auto-asignadas.

4.6. Un modo diferente de reutilizar direcciones

Si sabes cómo consultar la dirección IP en tu portátil (laptop), puedes realizar un pequeño experimento y observar las distintas direcciones IP que tienes en diferentes ubicaciones. Si haces una lista con esas direcciones, podrás ver que en muchos lugares se utilizan direcciones con un prefijo de "192.168.". Eso parece ser una violación de la regla que dice que cada dirección de red (prefijo de las direcciones IP) está ligada al lugar concreto desde el cual el equipo se conecta a Internet. Pero en el caso de las direcciones que empiezan por "192.168.", se aplica una regla distinta (El prefijo "10." también es especial).

Las direcciones que comienzan por "192.168." reciben el nombre de direcciones "no-enrutables". Esto significa que nunca van a ser usadas como una dirección real desde la que enviar o recibir datos a través del núcleo de la red. Sólo pueden ser utilizadas dentro de una red local individual, pero no se usan en la red global.

Pero entonces, ¿cómo es que tu equipo recibe una dirección como "192.168.0.5" en tu red doméstica y puede acceder sin problemas a todo Internet? Esto se debe a que tu router/puerta de acceso/estación base doméstica está haciendo algo que se denomina "Traducción de Direcciones de Red" (*Network Address Translation* o NAT). La puerta de acceso tiene una única dirección IP enrutable (o externa), que comparte con los múltiples equipos conectados a esa puerta de acceso. Tu dispositivo usa su dirección no-enrutable (o interna), por ejemplo, "192.168.0.5" para enviar sus paquetes, pero como los paquetes pasan a través de la puerta de acceso, esta reemplaza la dirección que figura dentro de esos paquetes por su dirección enrutable real (la del router, la externa). Cuando los paquete vuelven hacia nuestro equipo, el router vuelve a poner la dirección no-enrutable (interna) de nuestro dispositivo en los paquetes entrantes.

Este método nos permite conservar las direcciones enrutables reales y usar las mismas direcciones no-enrutables una y otra vez en los equipos que se desplazan de una red a otra.

4.7. Asignación de direcciones IP globales

Si quisieras conectar la red de una organización nueva a Internet, tendrías que contactar con un Proveedor de Servicios de Internet (*Internet Service Provider*) y contratar una conexión. Tu ISP te asignaría un rango de direcciones IP (por ejemplo, una o más direcciones de red), que podrías distribuir entre los equipos conectados a tu red. El ISP asigna tus direcciones de red cediéndote una parte de las direcciones de red que ellos reciben a su vez de un proveedor de servicios de Internet de nivel superior.

En el nivel superior de las asignaciones de direcciones IP existen cinco Registros Regionales de Internet (*Regional Internet Registries* o RIRs). Cada uno de los cinco registra las asignaciones de direcciones IP de una gran área geográfica. Entre los cinco registros, cualquier lugar del mundo puede ser ubicado mediante una dirección de red. Los cinco registros son: Norte América (ARIN), América del Sur y Central (LACNIC), Europa (RIPE NCC), Asia-Pacífico (APNIC) y África (AFRNIC).

Cuando se inventaron las direcciones IPv4 clásicas, como "212.78.1.25", sólo había unos pocos cientos de equipos conectados a Internet. Nadie se imaginaba entonces que algún día tendríamos mil millones de equipos conectados a Internet. Pero hoy día, con la expansión de Internet y el "Internet de las cosas", gracias al cual vehículos inteligentes, refrigeradores, termostatos y incluso lámparas utilizan direcciones IP, necesitamos conectar muchos más de mil millones de dispositivos a Internet. Para hacer posible la conexión de todos esos equipos nuevos a la red, los ingenieros han diseñado una nueva generación del protocolo de Internet llamado "IPv6". Las direcciones IPv6 de 128-bits, son mucho más largas que las direcciones IPv4 de 32-bits.

Los Registros Regionales de Internet (RIRs) están liderando la transición desde IPv4 hacia IPv6. La transición desde IPv4 hasta IPv6 llevará muchos años. Durante ese tiempo, ambas versiones deberán funcionar juntas sin problemas.

4.8. Resumen

La capa de Protocolo de Internet extiende nuestra red desde un único salto (capa de Acceso) hasta una sucesión de saltos que consiguen que los paquetes sean encaminados rápida y eficientemente desde tu equipo hasta una dirección IP de destino y de vuelta a tu equipo. La capa IP ha sido diseñada para reaccionar y usar rutas alternativas para evitar los cortes en la red, manteniendo recorridos casi ideales para los paquetes que se mueven entre miles de millones de equipos sin ningún tipo de repositorio central de enrutamiento. Cada router averigua su posición respecto al conjunto de la red y, en cooperación con sus routers vecinos, ayuda a trasladar los paquetes eficazmente a través de Internet.

La capa IP no es fiable al 100 %. Los paquetes pueden perderse debido a cortes momentáneos, o porque la red se muestre puntualmente "confusa" acerca del recorrido que necesita seguir un paquete a través de ella. Los paquetes que tu sistema envía más tarde pueden encontrar una ruta más rápida a través de la red y llegar antes que los paquetes que el sistema había enviado primero.

Podría resultar tentador diseñar la capa IP de modo que nunca perdiera paquetes y que se asegurase de que los paquetes llegaran siempre en orden, pero esto haría casi imposible para la capa IP gestionar la extrema complejidad provocada al conectar tantos sistemas.

De modo que en lugar de pedirle demasiado a la capa IP, dejamos el problema de los paquetes perdidos y de los que llegan desordenados a la capa inmediatamente superior, la capa de Transporte.

4.9. Glosario

DHCP: *Dynamic Host Configuration Protocol* (Protocolo de Configuración Dinámica de Host). El DHCP es lo que permite a un equipo portátil obtener una dirección IP cuando se desplaza a una nueva ubicación.

Dirección de red: La parte de una dirección IP que se utiliza para identificar en qué red local está conectado un equipo.

Dirección IP: Una dirección asignada globalmente que se adjudica a un equipo para que pueda comunicarse con otros que tengan direcciones IP y estén conectados a Internet. Para simplificar el enrutamiento en el núcleo de Internet, las direcciones IP están divididas en direcciones de red e identificadores de dispositivo (*host*). Un ejemplo de dirección IP podría ser: "212.78.1.25".

Identificador de dispositivo o Host: La parte de una dirección IP que se utiliza para identificar un equipo dentro de una red de área local.

NAT: *Network Address Translation* (Traducción de Direcciones de Red). Esta técnica permite a una única dirección IP global ser compartida por muchos equipos conectados a la misma red de área local.

redes bi-conectadas: Una situación en la cual existen al menos dos posibles caminos entre cualquier par de nodos de de una red. Una red bi-conectada puede perder una conexión cualquiera sin perder por ello la conectividad global.

RIR: *Regional Internet Registry* (Registro Regional de Internet). Los cinco RIRs se corresponden más o menos con los continentes mundiales y asignan direcciones IP para las áreas geográficas más extensas del mundo.

router central: Un router que está reenviando el tráfico dentro del núcleo de Internet

router de extremo: Un router que proporciona una conexión entre una red local e Internet. Es equivalente a "puerta de acceso".

tablas de enrutamiento: Información mantenida por cada router que permite llevar un registro de qué conexión de salida debe usarse para alcanzar cada dirección de red.

Tiempo de Vida (TTL): Un número que se almacena en cada paquete y que va reduciéndose en una unidad cada vez que el paquete pasa a través de un router. Cuando el TTL llega a cero, se desecha el paquete.

traceroute: Un comando disponible en muchos sistemas Linux/UNIX, que intenta realizar un mapa del camino tomado por un paquete a medida que este se mueve desde su origen hasta su destino. En sistemas Windows recibe el nombre de "tracert".

vórtice de paquetes: Una situación de error en la cual un paquete entra dentro de un bucle infinito, debido a errores en las tablas de enrutamiento.

4.10. Cuestionario

1. ¿Cuál es la función de la capa de Internet?

a) Mover paquetes a través de múltiples saltos desde un equipo de origen hasta uno de destino
b) Mover paquetes a través de una única conexión física
c) Gestionar los fallos de los servidores web
d) Gestionar el cifrado de datos sensibles

2. ¿Cuántas conexiones diferentes usa un paquete normal cuando viaja desde su origen hasta su destino a través de Internet?

a) 1
b) 4
c) 15
d) 255

3. ¿Cuál de las siguientes es una dirección IP?

a) 0f:2a:b3:1f:b3:1a

4.10. CUESTIONARIO

b) 192.168.3.14
c) www.khanacademy.com
d) @drchuck

4. ¿Por qué es necesario cambiar de IPv4 a IPv6?

a) Porque IPv6 tiene tablas de enrutamiento más pequeñas
b) Porque IPv6 reduce al número de saltos que un paquete debe realizar
c) Porque nos estamos quedando sin direcciones IPv4
d) Porque los fabricantes de dispositivos de red prefieren las direcciones IPv6

5. ¿Qué es una dirección de red?

a) Un grupo de direcciones IP con el mismo prefijo
b) Las coordenadas GPS de una red de área local concreta
c) El número de saltos que necesita un paquete para cruzar la red
d) El retraso medio que experimentan los paquetes que atraviesan la red

6. ¿Cuántos equipos pueden tener direcciones IP dentro de una red cuya dirección es "218.78"?

a) 650
b) 6500
c) 65000
d) 650000

7. ¿Cómo determinan los routers el camino que debe seguir un paquete a través de Internet?

a) Las rutas son controladas por el IRG (*Internet Routing Group* o Grupo de Enrutamiento de Internet)
b) Cada router se fija en un paquete y lo reenvía basándose en la mejor predicción que es capaz de hacer acerca de cuál es la conexión de salida correcta.
c) Cada router envía todos los paquetes a todas las conexiones de salida (algoritmo *flooding* o inundación)
d) Cada router retiene un paquete hasta que llega otro desde el equipo de destino

8. ¿Qué es una tabla de enrutamiento?

   a) Una lista de direcciones IP relacionadas con direcciones de acceso
   b) Una lista de direcciones IP relacionadas con coordenadas GPS
   c) Una lista de direcciones de red relacionadas con coordenadas GPS
   d) Una lista de direcciones de red relacionadas con conexiones de salida del router

9. ¿Cómo rellena sus tablas de enrutamiento un router recién conectado a la red?

   a) Consultando a la IANA (*Internet Assigned Numbers Authority*, o Autoridad de Asignación de Direcciones de Internet)
   b) Descargando el RFC de enrutamiento (*Request for Comments*, o Solicitud de Comentarios)
   c) Contactando con las Fuerzas Especiales de Ingenieros de Internet (*Internet Engineering Task Force* o IETF)
   d) Preguntando a los routers vecinos cómo encaminan ellos los paquetes

10. ¿Qué hace un router cuando una conexión física se interrumpe?

    a) Descarta todas las entradas de su tabla de enrutamiento que contengan esa conexión
    b) Consulta el servicio de mapeado de Internet (IMAP)
    c) Realiza una búsqueda de nombre de dominio (DNS) para esa dirección IP
    d) Envía todos los paquetes relativos a esa conexión de vuelta al equipo de origen

11. ¿Por qué resulta deseable tener al menos una red "biconectada"?

    a) Porque las tablas de enrutamiento son mucho más pequeñas
    b) Porque se elimina la necesidad de tener direcciones de red
    c) Porque soporta más direcciones IPv4
    d) Porque continúa funcionando incluso cuando se produce un corte en una conexión

4.10. CUESTIONARIO

12. ¿Toman todos los paquetes de un mensaje la misma ruta a través de Internet?

    a) Sí
    b) No

13. ¿Cómo descubren los routers nuevas rutas y mejoran sus tablas de enrutamiento?

    a) Cada día a medianoche descargan un mapa de Internet nuevo desde IMAP
    b) Preguntan periódicamente a los routers vecinos por sus propias tablas de enrutamiento
    c) Descartan paquetes al azar para activar el código de corrección de errores que existe dentro de Internet
    d) Reciben datos de velocidades de transmisión desde los equipos de destino

14. ¿Cual es el cometido del campo "Tiempo de vida" (*Time to Live* o TTL) en un paquete?

    a) Asegurarse de que los paquetes no terminen dentro de un "bucle infinito"
    b) Controlar cuántos minutos le lleva a un paquete atravesar la red
    c) Mantener una relación entre las direcciones de red y las coordenadas GPS
    d) Informar al router sobre la conexión de salida correcta para un paquete concreto

15. ¿Cómo funciona el comando *"traceroute"*?

    a) Envía una serie de paquetes con bajos valores de TTL, para conseguir hacerse una idea de dónde van siendo desechados esos paquetes
    b) Carga una ruta de red desde el Mapeado de Internet (IMAP)
    c) Contacta con un Servidor de Nombres de Dominio para obtener la ruta para una dirección de red concreta
    d) Le pide a los routers que añadan información de la ruta al paquete a medida que va siendo encaminado desde su origen hasta su destino

16. ¿Cuánto tiempo le lleva aproximadamente a un paquete cruzar el océano Pacífico a través de un cable de fibra óptica submarino?

    a) 0.0025 segundos
    b) 0.025 segundos
    c) 0.250 segundos
    d) 2.5 segundos

17. En una red WiFi, ¿cómo obtiene un equipo una dirección de Internet (IP)?

    a) Usando el protocolo DHCP
    b) Usando el protocolo DNS
    c) Usando el protocolo HTTP
    d) Usando el protocolo IMAP

18. ¿Qué hace una Traducción de Direcciones de Red (*Network Address Translation* o NAT)?

    a) Averigua las direcciones IP asociadas con nombres de texto, como "www.dr-chuck.com"
    b) Permite que el tráfico IPv6 pase a través de redes IPv4
    c) Averigua cuál es la mejor conexión de salida para un router concreto y una dirección de red
    d) Reutiliza direcciones de red especiales, como "192.168", a través de múltiples puertas de acceso en múltiples ubicaciones

19. ¿Cómo se gestionan globalmente las direcciones IP y las direcciones de red?

    a) Existen cinco registradores de nivel-superior que gestionan las direcciones de red en cinco áreas geográficas
    b) Las direcciones IP son asignadas para todo el mundo aleatoriamente mediante un sorteo
    c) Las direcciones IP son asignadas por los fabricantes de equipamiento de red
    d) Las direcciones IP están basadas en coordenadas GPS

20. ¿Qué diferencia de longitud existe entre las direcciones IPv6 y las IPv4?

a) Ambas tienen el mismo tamaño
b) Las direcciones IPv6 son un 50 % más largas que las IPv4
c) Las direcciones IPv6 son el doble de largas que las IPv4
d) Las direcciones IPv6 son 10 veces más largas que las IPv4

21. Si tu equipo recibe una dirección IP que empieza por "169..", ¿qué es lo que indica eso?

a) Tu conexión a Internet soporta el protocolo Multicast
b) La puerta de acceso está asociando tu dirección local con una dirección global usando NAT
c) No hay una puerta de acceso disponible para reenviar tus paquetes a Internet
d) La puerta de acceso para esa red es de baja velocidad, con un tamaño de ventana pequeño

22. Si quisieras crear una empresa proveedora de servicios de Internet en Polonia, ¿qué Registro Regional de Internet (RIR) te asignaría un bloque de direcciones IP?

a) ARIN
b) LACNIC
c) RIPE NCC
d) APNIC
e) AFRNIC
f) Naciones Unidas

Capítulo 5

El Sistema de Nombres de Dominio

El Sistema de Nombres de Dominio permite acceder a sitios web por su nombre de dominio, como (www.khanacademy.org), de modo que el usuario no necesite mantener una lista de direcciones de protocolo de Internet numéricas (IPs), como "212.78.1.25". Las direcciones IP están determinadas por *dónde* se conecta tu equipo a Internet. Cuando tienes un dispositivo portátil y te mueves de un sitio a otro, obtienes una dirección IP nueva en cada lugar. Mientras que ningún otro equipo se conecte al tuyo, no importará si tu dirección IP va cambiando de vez en cuando. Pero dado que hay mucha gente que se conecta a un servidor web, sería muy incómodo si el servidor se desplazase a una nueva ubicación y su dirección IP tuviera que cambiar también.

Cuando un equipo realiza una conexión a un sistema usando una dirección de nombre de dominio, lo primero que hace es averiguar la dirección IP que se corresponde con ese nombre de dominio. Después, el equipo realiza la conexión usando la dirección IP obtenida.

Al añadir el paso intermedio de averiguar cuál es la dirección IP para una dirección DNS, se facilita también el traslado de los servidores desde una ubicación a otra. El servidor recibe una nueva dirección IP y se actualiza la entrada correspondiente a la dirección de ese dominio. Una vez que la entrada DNS se ha actualizado, las peticiones siguientes relativas a ese nombre de dominio recibirán la nueva dirección IP. Como los usuarios finales acceden a la mayoría de los servidores usando nombres de dominio y nunca se fijan en las direcciones IP, un servidor podrá ser trasladado a una conexión de red nueva sin afectar a la capacidad del usuario final para acceder al mismo.

5.1. Asignación de nombres de dominio

Si recuerdas lo tratado en los capítulos previos, las direcciones IP se asignan basándose en el lugar físico desde el que se produce la conexión a Internet. Los nombres de dominio se asignan según las organizaciones que "poseen" esos nombres. En la cima de la jerarquía de nombres de dominio está una organización llamada la Corporación Internacional para Asignación de Nombres de Red (*International Corporation for Assigned Network Names* o ICANN). La ICANN elige los dominios de nivel superior (*Top Level Domains* o TLDs), como .com, .edu y .org, y se los asigna a otras organizaciones para que los gestionen. Recientemente se han añadido nuevos conjuntos de TLDs, como .club y .help.

la ICANN también asigna los nombres de dominios basados en el código de dos letras de país, como .us, .za, .nl y .jp, para los países de todo el mundo. Esos dominios se denominan Nombres de Dominio de Nivel Superior de Código de País (*Country-Code Top-Level Domain Names* o ccTLDs). Los países a menudo añaden dominios de segundo nivel, como .co.uk para organizaciones comerciales dentro del Reino Unido (UK). Las normas que se aplican a los nombres de dominio para cada ccTLD concreto varían enormemente de un país a otro.

Cuando una organización recibe un nombre de dominio, está autorizada a asignar subdominios dentro de él. Por ejemplo, el dominio de nivel superior .edu está asignado a la organización Educause. Educause asigna dominios como umich.edu a instituciones de educación superior. Una vez que una institución, como la Universidad de Michigan, dispone del control de un dominio, como umich.edu, puede elegir qué subdominios desea crear dentro de él. Los dominios que terminan en .com y .org pueden ser adquiridos por particulares. Los propietarios individuales de esos dominios están autorizados a gestionar sus dominios y crear subdominios por debajo de ellos para su uso propio o el de otros.

5.2. Lectura de nombres de dominios

Cuando nos fijamos en una dirección IP como "212.78.1.25", el prefijo izquierdo se corresponde con la "dirección de red", de modo que en cierto sentido la lectura de las direcciones IP se realiza

5.2. LECTURA DE NOMBRES DE DOMINIOS

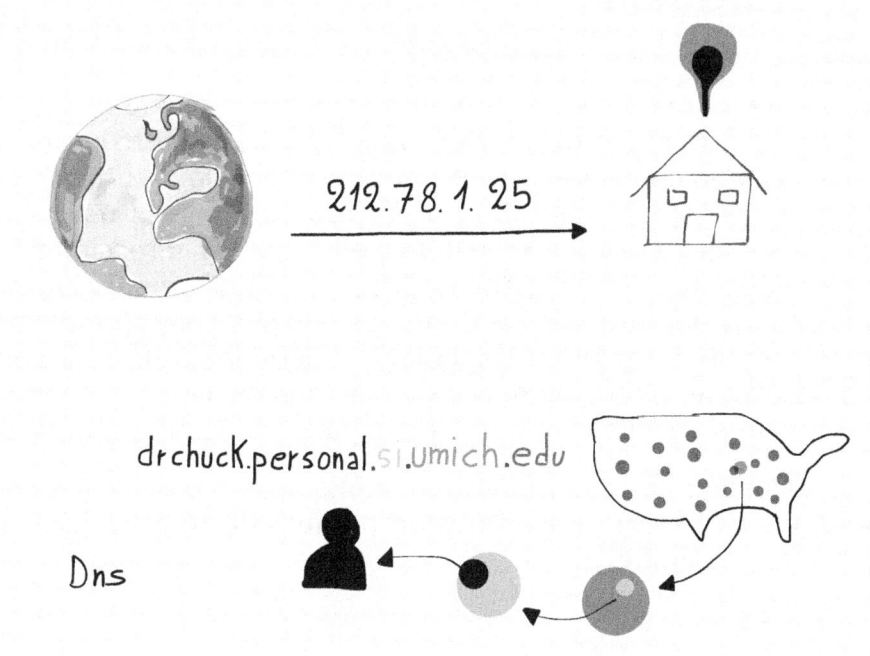

Figura 5.1: Nombres de dominio

de izquierda a derecha. La parte izquierda de la dirección IP se corresponde con la parte más general de la dirección, mientras que la parte derecha es más específica:

```
212.78.1.25
General ----> Específico
```

En el caso de los nombres de dominio, se leen de derecha a izquierda:

```
drchuck.personal.si.umich.edu
Específico    <---    General
```

La parte más general de este nombre de dominio es ".edu", que indica que se trata de una institución de educación superior. El subdominio "umich.edu" indica que es una institución de educación superior concreta.

5.3. Resumen

A pesar de que el Sistema de Nombres de Dominio no es una de nuestras cuatro capas del modelo, resulta ser una parte importante a la hora de conseguir un Internet más sencillo de utilizar. Los nombres de dominio permiten a los usuarios finales usar nombres simbólicos para los servidores en lugar de direcciones de protocolo de Internet numéricas (IPs). Al añadir un servicio que relaciona los nombres de los dominios con sus correspondientes direcciones IP, se pueden trasladar los servidores de una conexión de Internet a otra sin necesidad de que los usuarios cambien de forma manual sus configuraciones para conectarse al servidor.

Si deseas adquirir un nombre de dominio para ti o para una compañía, puedes elegir entre un gran número de registradores de nombres de dominio.

5.4. Glosario

DNS: *Domain Name System* (Sistema de Nombres de Dominio). Un sistema de protocolos y servidores que permite a las aplicaciones en red buscar nombres de dominios y recuperar la dirección IP correspondiente para cada uno de esos nombres.

ICANN: *International Corporation for Assigned Network Names* (Corporación Internacional para Asignación de Nombres de Red). Asigna y gestiona los dominios de nivel superior para Internet.

nombre de dominio: Un nombre que se asigna a un dominio de nivel superior. Por ejemplo, khanacademy.org es un dominio que está asignado dentro del dominio de nivel superior ".org".

registrador: Una compañía que puede registrar, vender y alojar nombres de dominios.

subdominio: Un nombre que se crea "por debajo" de un nombre de dominio. Por ejemplo, "umich.edu" es un nombre de dominio, y tanto "www.umich.edu" como "mail.umich.edu" son subdominios dentro de "umich.edu".

TLD: *Top Level Domain* (Dominio de Nivel Superior). La parte de la derecha de un nombre de dominio. Algunos ejemplos de TLDs son ".com", ".org", y ".ru". Recientemente se han añadido nuevos dominios de nivel superior, como ".club" y ".help".

5.5. Cuestionario

1. ¿Qué hace el Sistema de Nombres de Dominios (DNS)?

   a) Permite a los equipos conectados a la red usar un nombre textual para otro equipo y averiguar su dirección IP
   b) Mantiene un registro de las coordenadas GPS de todos los servidores
   c) Permite a los Registradores Regionales de Internet (RIRs) gestionar las direcciones IP de los distintos continentes
   d) Asigna direcciones IP distintas a los equipos portátiles a medida que se van desplazando de una red WiFi a otra

2. ¿Qué organización asigna los dominios de nivel superior, como ".com", ".org", y ".club"?

   a) IANA - *Internet Assigned Numbers Authority* (Autoridad de Asignación de Direcciones de Internet)
   b) IETF - *Internet Engineering Task Force* (Fuerzas Especiales de Ingenieros de Internet)
   c) ICANN - *International Corporation for Assigned Network Names* (Corporación Internacional para la Asignación de Nombres de Red)
   d) IMAP - *Internet Mapping Authorization Protocol* (Protocolo de Autorización de Mapeado de Internet)

3. ¿Cuál de estas es una dirección de dominio?

   a) 0f:2a:b3:1f:b3:1a
   b) 192.168.3.14
   c) www.khanacademy.org
   d) @drchuck

4. ¿Cuál de las siguientes acciones es algo que el propietario de un dominio *no* puede hacer con ese dominio?

   a) Crear subdominios
   b) Vender subdominios
   c) Crear nuevos dominios de nivel superior
   d) Asignar una dirección IP al dominio o subdominio

Capítulo 6

La Capa de Transporte

La capa situada inmediatamente por encima de la de Internet es la capa de Transporte. Un aspecto clave de la capa de Internet es que esta no intenta garantizar la entrega de ningún paquete concreto. La capa de Internet es casi perfecta, pero a veces los paquetes pueden perderse o ser enviados fuera de su ruta.

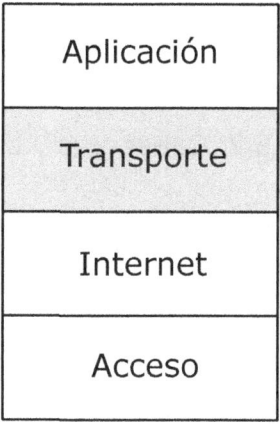

Figura 6.1: La Capa de Transporte

Sin embargo, los usuarios de la red quieren poder enviar archivos enteros o mensajes a través de Internet con fiabilidad. Una red no nos resulta demasiado útil si lo único que puede hacer es enviar paquetes que son recibidos sólo a veces. Para que la red sea útil, todos los paquetes deben ser reensamblados en el orden correcto para reconstruir el mensaje en el sistema receptor. La red también debe gestionar los paquetes que llegan desordenados, o aquellos que ni siquiera llegan. La capa de Transporte es la que se ocupa de la fiabilidad del envío y de la reconstrucción de los mensajes en el equipo de destino.

Como ocurría en la capa IP, la capa de Transporte añade una pequeña cantidad de datos a cada paquete para ayudar a resolver los problemas de reensamblado y reenvío de paquetes perdidos.

6.1. Cabeceras de paquetes

Si analizaras un paquete que estuviera viajando a través de múltiples conexiones entre sus equipos de origen y destino, verías una cabecera de acceso, una cabecera de IP, y una cabecera del Protocolo de Control de Transporte (TCP), junto con los datos reales del paquete.

Cabecera Acceso	Cabecera IP	Cabecera TCP	Datos del paquete
De | Para	De | Para | TTL	Puerto|Offset	....

Figura 6.2: Cabeceras y datos

Cuando el paquete se recibe en un nodo (router), se elimina su cabecera de acceso, y se le añade una cabecera de acceso nueva al ser enviado hacia el siguiente nodo. Las cabeceras IP y TCP permanecen en el paquete durante todo su viaje. Recuerda que un paquete puede pasar a través de varios tipos de capas de acceso a medida que es encaminado a través de Internet.

La cabecera IP contiene las direcciones del Protocolo de Internet de origen y destino (IP), así como el Tiempo De Vida (TTL) del paquete. La cabecera IP es creada por el equipo de origen y no se modifica (salvo el TTL) a medida que el paquete se mueve a través de los distintos routers durante su viaje.

Las cabeceras TCP indican a dónde pertenecen los datos de cada paquete. A medida que el equipo de origen divide el mensaje o archivo en paquetes, mantiene un indicador de la posición de cada paquete relativo al comienzo del mensaje o archivo, y coloca ese índice u *offset* en cada paquete que crea y envía.

6.2. Reensamblado y reenvío de paquetes

Cuando el equipo de destino recibe los paquetes, se fija en el índice de posición respecto al comienzo del mensaje (*offset*), de modo que puede colocar el paquete en su lugar correcto del mensaje reconstruido. Simplemente asegurándose de colocar los datos del paquete en la posición correcta, la capa de Transporte es capaz de gestionar con facilidad los paquetes que llegan desordenados. Si recibe un paquete adelantado respecto a su posición dentro del mensaje, lo coloca en un buffer, controlando la circunstancia de que ahora existe un hueco dentro del mensaje que está siendo reconstruido. Cuando, posteriormente, llega el paquete retrasado, éste encaja perfectamente en el hueco dejado dentro de los datos reensamblados.

Para evitar sobrecargar la red, la capa de Transporte en el equipo de origen sólo envía una cierta cantidad de datos antes de esperar una confirmación desde la capa de Transporte del equipo de destino de que esos paquetes se han recibido. La cantidad de datos que el equipo emisor enviará antes de hacer una pausa y esperar una confirmación recibe el nombre de "tamaño de ventana".

El equipo emisor controla el tiempo que tarda en empezar a recibir mensajes de confirmación desde el equipo receptor. Si las confirmaciones llegan rápido, el equipo emisor aumentará su tamaño de ventana, pero si las confirmaciones tardan en llegar, entonces el equipo emisor transmitirá menos datos. Gracias al ajuste del tamaño de ventana, los equipos pueden enviar gran cantidad de datos rápidamente a través de conexiones rápidas que tengan poca carga. Y cuando envían datos a través de conexiones lentas o enlaces saturados, lo harán de modo que no sobrecarguen la red.

Cuando se pierde un paquete, este nunca llega al equipo de destino, de modo que ese equipo no enviará nunca la confirmación de recepción de esos datos. Dado que el equipo emisor no recibe la confirmación, se llega rápidamente a un punto en el cual se han enviado suficientes datos sin confirmar para llenar la ventana y el emisor deja de enviar paquetes nuevos.

En ese momento, ambos equipos están esperando. El emisor está esperando la confirmación de recepción de un paquete perdido que nunca llegará y el receptor está esperando un paquete perdido que tampoco llegará nunca. Para asegurarse de que los equipos no se quedan esperando para siempre, el equipo de destino controla la cantidad de tiempo transcurrida desde la recepción del último paquete de datos. En algún momento, el equipo receptor decide que ya ha pasado demasiado tiempo y envía un paquete al equipo emisor, indicándole en qué punto del mensaje recibió datos por última vez. Cuando el equipo emisor recibe ese mensaje, "retrocede" y vuelve a enviar datos a partir de la posición informada por el equipo receptor.

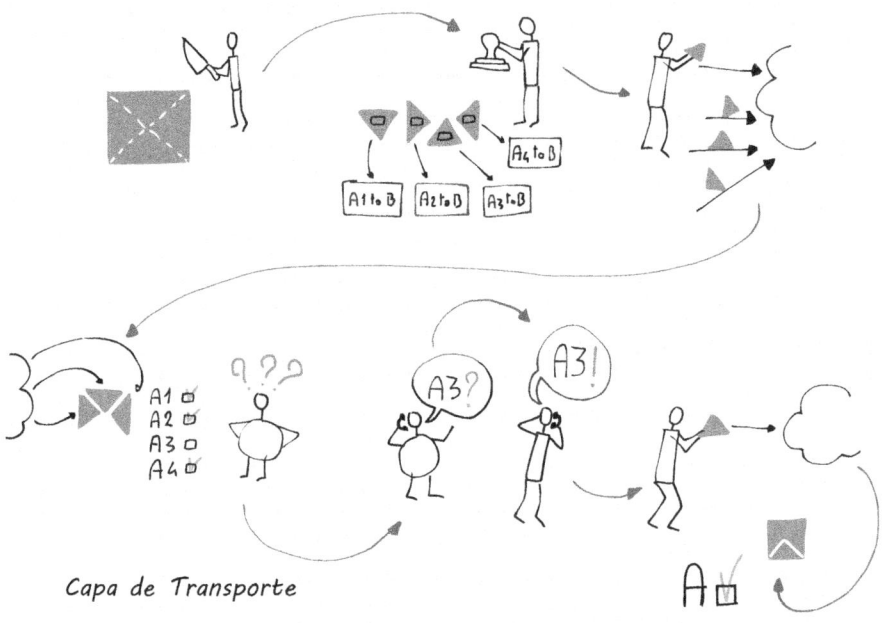

Figura 6.3: Esperando un paquete perdido

La confirmación de recepción de datos por parte del equipo receptor, no permitiendo al emisor continuar el envío (tamaño de ventana), combinado con las peticiones del equipo receptor al emisor para que "vuelva atrás y empiece de nuevo" cuando se sospecha que parte de los datos se han perdido, constituyen un método relativamente simple para enviar con fiabilidad mensajes extensos o archivos a través de la red.

La capa de Transporte, durante el envío de una cadena de datos, controla constantemente la frecuencia de recepción de confirmaciones y ajusta dinámicamente su tamaño de ventana. Esto asegura que los datos se envíen rápidamente cuando la conexión entre los dos equipos es rápida, y mucho más lentamente cuando la conexión tiene enlaces lentos o se encuentra muy cargada.

6.3. La Capa de Transporte en funcionamiento

Uno de los aspectos clave de la capa de Transporte consiste en que el equipo emisor debe mantener todos los datos que está enviando hasta que su recepción haya sido confirmada. Una vez que el equipo receptor confirma la recepción, el emisor puede descartar los datos enviados. Podemos verlo gráficamente cuando un mensaje se divide en muchos paquetes. Aquí, los diez primeros paquetes del mensaje han sido enviados y confirmados por el equipo de destino ('a'). El equipo emisor ha enviado seis paquetes más ('S') y luego se ha detenido por haber alcanzado su tamaño de ventana.

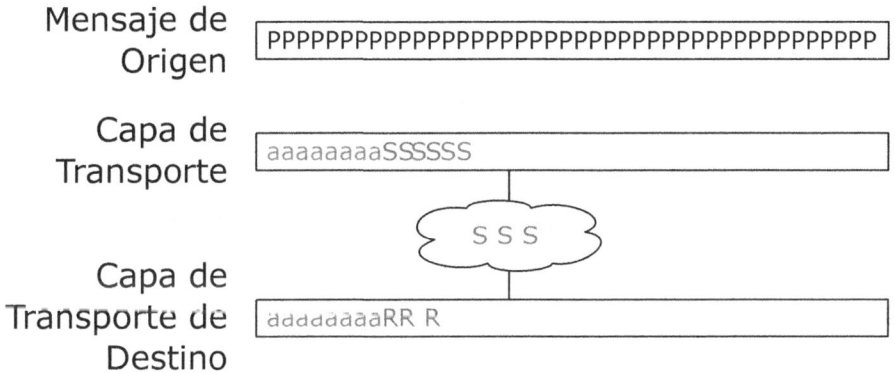

Figura 6.4: Almacenando en la Capa de Transporte

Existen tres paquetes que han sido enviados pero aún no han sido recibidos ("S"). Dado que hay muchos saltos en la red, resulta muy habitual que haya más de un paquete viajando a través de la red al mismo tiempo.

La capa de Transporte en el equipo receptor ha recibido y confirmado diez paquetes y se los ha entregado a la aplicación receptora ('a').[1] La capa de Transporte en el equipo de destino ha recibido tres paquetes más ('R'), pero un paquete está desordenado. La recepción de un paquete desordenado no es algo preocupante, siempre que los paquetes retrasados lleguen en un periodo de tiempo razonablemente breve. En cuanto se reciban todos los paquetes, la capa de Transporte reconstruirá el mensaje, encajando los paquetes entre sí como piezas de un puzzle, y se lo entregará a la aplicación receptora.

---

[1] Hablaremos acerca de la capa de Aplicación en el próximo capítulo.

6.4. Aplicaciones clientes y servidores

El propósito de la capa de Transporte es proporcionar conexiones fiables entre aplicaciones en red, de modo que esas aplicaciones puedan enviar y recibir cadenas de datos. Para una aplicación, resulta tan sencillo como pedir a la capa de Transporte que realice una conexión con otra aplicación que se está ejecutando en un equipo remoto. La aplicación que inicia la conexión desde el equipo local recibe el nombre de "cliente", y a la aplicación que responde a la petición de conexión se le llama "servidor". A la combinación de las dos, operando una desde cada extremo de la de la conexión se les denomina aplicación "cliente/servidor", dado que las dos partes de la aplicación deben trabajar juntas.

El duro trabajo de diseño realizado sobre las tres capas inferiores de nuestra arquitectura permiten que resulte sencillo abrir una conexión hacia un equipo remoto y luego enviar y recibir datos a través de ella.

6.5. Aplicaciones servidor y puertos

Cuando una aplicación cliente quiere realizar una conexión con un equipo remoto, resulta de vital importancia que la conexión se establezca con la aplicación servidor correcta dentro de ese equipo remoto. Un equipo remoto puede disponer de un número indeterminado de aplicaciones servidor diferentes funcionando al mismo tiempo. Algunos ejemplos de aplicaciones servidor pueden ser:

- Servidor Web
- Servidor de Vídeo
- Servidor de Correo

Por ejemplo, un cliente web (un navegador) debe conectarse al servidor web que esté funcionando en el equipo remoto. De modo que una aplicación cliente no sólo necesita saber a qué equipo remoto conectarse, también necesita elegir una aplicación concreta para interactuar con ella dentro de ese equipo remoto.

Se utiliza un concepto llamado "puertos" para permitir a la aplicación cliente elegir con qué aplicación servidor quiere interactuar. Los puertos son como extensiones telefónicas. Todas las extensiones tienen el mismo número de teléfono (Dirección IP), pero cada

6.5. APLICACIONES SERVIDOR Y PUERTOS

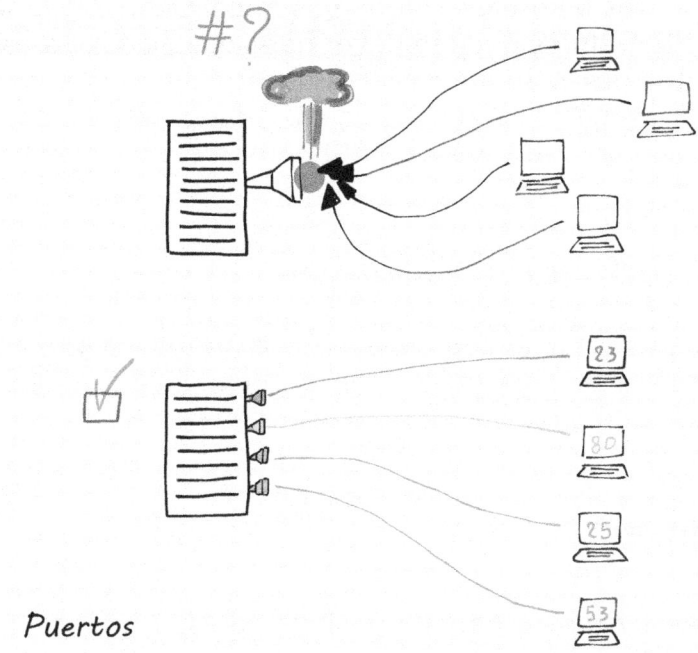

Figura 6.5: Puertos TCP

extensión (aplicación servidor) dispone de un número de extensión diferente (número de puerto).

Cuando una aplicación servidor se inicia, se pone a la "escucha" de conexiones entrantes en el puerto especificado. Una vez que la aplicación servidor ha informado de que está preparada para recibir conexiones entrantes, aguarda hasta que se produce la primera conexión.

Para que las aplicaciones cliente sepan a qué puerto deben conectarse, existe una lista de puertos por defecto habituales para varias aplicaciones de tipo servidor:

- Telnet (23) - Inicio de sesión (*Login*)
- SSH (22) - Inicio de sesión segura (*Secure Login*)
- HTTP (80) - World Wide Web
- HTTPS (443) - Web Segura (*Secure Web*)
- SMTP (25) - Correo Entrante (*Incoming Mail*)
- IMAP (143/220/993) - Descarga de Correo (*Mail Retrieval*)
- POP (109/110) - Descarga de Correo (*Mail Retrieval*)
- DNS (53) - Resolución de Nombres de Dominio (*Domain Name Resolution*)
- FTP (21) - Transferencia de archivos (*File Transfer*)

Estos son los puertos habituales para esas aplicaciones. Pero algunas veces los servidores pueden hacer que las aplicaciones escuchen en puertos no-estándar. Si estás desarrollando una web, puede que te convenga hacer funcionar un servidor web en puertos no estándar, como 3000, 8000, o 8888. Si te encuentras con una URL como:

`http://prueba.ejemplo.com:8080/acceder`

el "8080" indica que el navegador va a usar los protocolos web para interactuar con el servidor, pero conectándose al puerto 8080 en vez de hacerlo al puerto por defecto, que sería el 80.

6.6. Resumen

En cierto sentido, la capa de Transporte sirve para subsanar el problema de la pérdida de datos que puede producirse en las capas de Conexión e Internet. Cuando las dos capas inferiores pierden o encaminan mal los paquetes, la capa de Transporte entra en acción para reconstruir y/o reenviar esos datos. La existencia de la capa de Transporte hace posible que las dos capas inferiores puedan ignorar todo lo relativo al reenvío de paquetes perdidos y a los ajustes de velocidad.

Parte del objetivo de una arquitectura en capas es dividir un problema demasiado complejo en otros subproblemas más pequeños. Cada capa se centra en resolver parte del problema general y asume que las otras capas resuelven a su vez los problemas de los que se supone que deben encargarse.

6.7. Glosario

almacenar en buffer: Mantener temporalmente los datos que han sido enviados o recibidos, hasta que el equipo está seguro de que esos datos ya no se necesitarán más.

confirmación: Cuando el equipo receptor envía una notificación de vuelta al equipo de origen, indicando que los datos han sido recibidos.

escucha: Cuando una aplicación servidor está funcionando y preparada para aceptar conexiones entrantes desde aplicaciones cliente.

puerto: Un modo de permitir que muchas aplicaciones servidor diferentes puedan quedarse aguardando conexiones entrantes en un mismo equipo. Cada aplicación escucha en un puerto diferente. Las aplicaciones cliente realizan las conexiones a números de puerto conocidos, para asegurarse de que están comunicándose con la aplicación servidor adecuada.

6.8. Cuestionario

1. ¿Cuál es el principal problema que se supone que resuelve la capa de Transporte (TCP)?

    a) El movimiento de paquetes a través de múltiples saltos desde un equipo de origen hasta uno de destino
    b) El movimiento de paquetes a través de una única conexión física
    c) Gestionar los paquetes perdidos y desordenados
    d) Gestionar la encriptación de datos sensibles

2. ¿Qué contiene la cabecera TCP?

    a) La dirección física
    b) La dirección IP y el Tiempo de Vida (TTL)
    c) El número de puerto y el índice de posición del paquete (*offset*)
    d) Qué documento está siendo solicitado

3. ¿Por qué es importante el "tamaño de ventana" para el funcionamiento adecuado de la red?

    a) Porque los paquetes demasiado grandes atascan las conexiones de fibra óptica
    b) Evita que un equipo rápido envíe demasiados datos a través de una conexión lenta
    c) Limita el número de saltos que un paquete puede dar antes de ser desechado
    d) Determina qué parte de una dirección IP se corresponde con la dirección de red

4. ¿Qué ocurre cuando un equipo emisor recibe una confirmación desde el equipo receptor?

a) El equipo emisor vuelve a enviar los datos para asegurarse de que se han transmitido correctamente
b) El equipo emisor envía más datos, hasta alcanzar el tamaño de ventana
c) El equipo emisor envía una "confirmación de recepción de la confirmación"
d) El equipo emisor envía la confirmación al Mapa de Internet (IMAP)

5. ¿Cuál de estos elementos detecta y toma medidas cuando se pierden paquetes?

a) Equipo emisor
b) Puerta de acceso de la red
c) Routers centrales de Internet
d) Equipo receptor

6. Cuál de estos elementos retiene paquetes de datos para que puedan ser enviados de nuevo si un paquete se pierde?

a) Equipo emisor
b) Puerta de acceso de la red
c) Routers centrales de Internet
d) Equipo receptor

7. ¿Cuál de estos elementos es más parecido a un puerto TCP?

a) Una estación de tren
b) Un cable de red submarino
c) El número de un apartamento
d) Un jardín de esculturas

8. ¿Qué parte de una aplicación cliente/servidor debe iniciarse primero?

a) Cliente
b) Servidor

9. ¿Cuál es el número de puerto que utiliza el Sistema de Nombres de Dominios (DNS)?

a) 22

6.8. CUESTIONARIO

   b) 80
   c) 53
   d) 143

10. ¿Cuál es el número de puerto que utiliza el protocolo de descarga de mensajes IMAP?

    a) 22
    b) 80
    c) 53
    d) 143

Capítulo 7

La Capa de Aplicación

Hemos ido estudiando nuestro modelo de red de cuatro capas TCP/IP desde abajo hacia arriba, y por fin nos encontramos en la cima. La capa de Aplicación es el lugar donde opera el software de red, como navegadores web, programas de correo o reproductores de vídeo. Nosotros como usuarios interactuamos con esas aplicaciones y las aplicaciones interactúan con la red por nosotros.

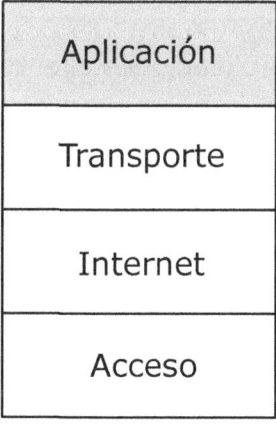

Figura 7.1: La Capa de Aplicación

7.1. Aplicaciones cliente y servidor

Es importante recordar que se necesitan dos partes para que una aplicación en red funcione. La arquitectura de una aplicación en red recibe el nombre de "cliente/servidor". La parte servidor de la aplicación se ejecuta en algún punto de Internet y tiene la información que los usuarios quieren ver o con la que desean interactuar. La parte cliente de la aplicación realiza las conexiones con la aplicación servidor, descarga la información y se la muestra al usuario. Estas aplicaciones utilizan la capa de Transporte de cada uno de sus equipos para intercambiar datos.

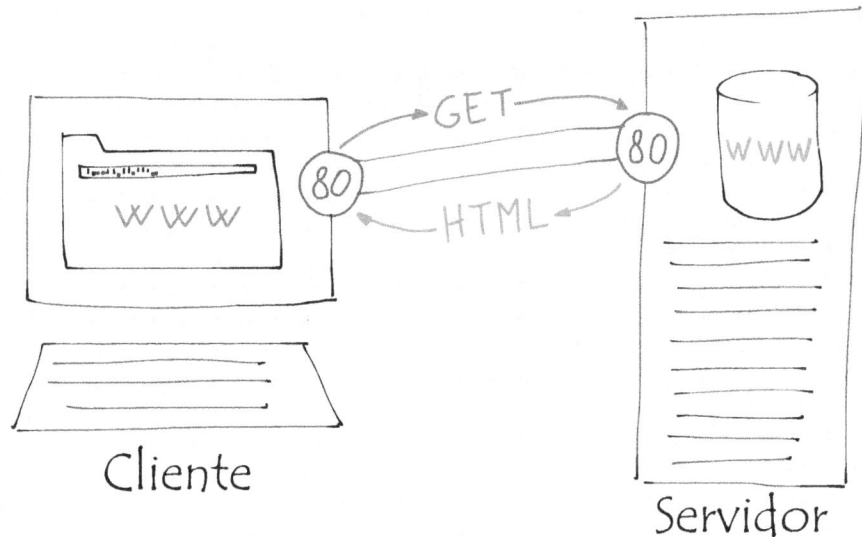

Figura 7.2: Aplicaciones cliente/servidor

Para navegar por una dirección web, como www.khanacademy.org, necesitas tener una aplicación web funcionando en tu equipo. Cuando tecleas una dirección en tu navegador web, este se conecta con el servidor web adecuado, descarga las páginas para ti, y luego te las muestra.

El servidor web de tu equipo envía una petición de conexión a www.khanacademy.org. Tu equipo usa el nombre de domino para localizar la dirección IP correspondiente al servidor y realizar una conexión de transporte con esa IP, luego comienza a solicitar datos desde el servidor a través de la conexión de red. Cuando se reciben los datos, el navegador te los presenta en la pantalla. A veces los navegadores web muestran un pequeño icono animado para informarte de que los datos están siendo descargados a través de la red.

En el otro extremo de la conexión hay otra aplicación llamada "servidor web". El programa que hace de servidor web está siempre activo y esperando conexiones de entrada. De modo que cuando quieres ver una página web, estás conectándote a una aplicación servidor que ya estaba activa y aguardando tus conexiones.

En cierto sentido, las capas de Acceso, Trasporte e Internet, junto con el Sistema de Nombres de Dominio (DNS), son como una red telefónica para aplicaciones en red. Ellas "marcan el número" de diferentes aplicaciones servidor en la red y mantienen "conversaciones" con esas aplicaciones para intercambiar datos.

7.2. Protocolos de la Capa de Aplicación

Igual que las personas que hablan por teléfono, cada pareja de aplicaciones en red necesita fijar un conjunto de reglas que gobiernen la conversación. En la mayoría de las culturas, cuando el teléfono suena y alguien lo coge es habitual saludar. Normalmente, la persona que realiza la llamada (la persona cliente) permanece callada hasta que la persona que responde al teléfono (la persona servidor) dice "Hola". Si alguna vez has llamado a alguien que no sigue esta sencilla regla, puede llegar a resultar bastante desconcertante. Probablemente, terminarías por llegar a la conclusión de que la conexión no funcionaba correctamente, colgarías y repetirías la llamada.

Llamamos "protocolo" a un conjunto de reglas que gobiernan cómo nos comunicamos. La definición de la palabra protocolo es "una regla que describe cómo debe ser realizada una actividad, especialmente en el campo de la diplomacia". La idea es que en situaciones formales, debemos comportarnos según un conjunto concreto de reglas. Usamos esa palabra para describir aplicaciones en red, porque sin reglas precisas, las aplicaciones no tienen forma de establecer y gestionar una conversación. A las máquinas les gusta la precisión.

Existen muchas aplicaciones en red diferentes, y resulta de suma importancia que cada aplicación de red disponga de un protocolo bien documentado, para que todos los servidores y clientes puedan operar entre ellos. Algunos de esos protocolos son enrevesados y complejos.

El protocolo que describe cómo se comunica un navegador web con un servidor web aparece descrito en multitud de documentos, empezando por este mismo:

https://tools.ietf.org/html/rfc7230

El nombre formal del protocolo entre clientes y servidores web es el "Protocolo de Transporte de Hipertexto" (*HyperText Transport*

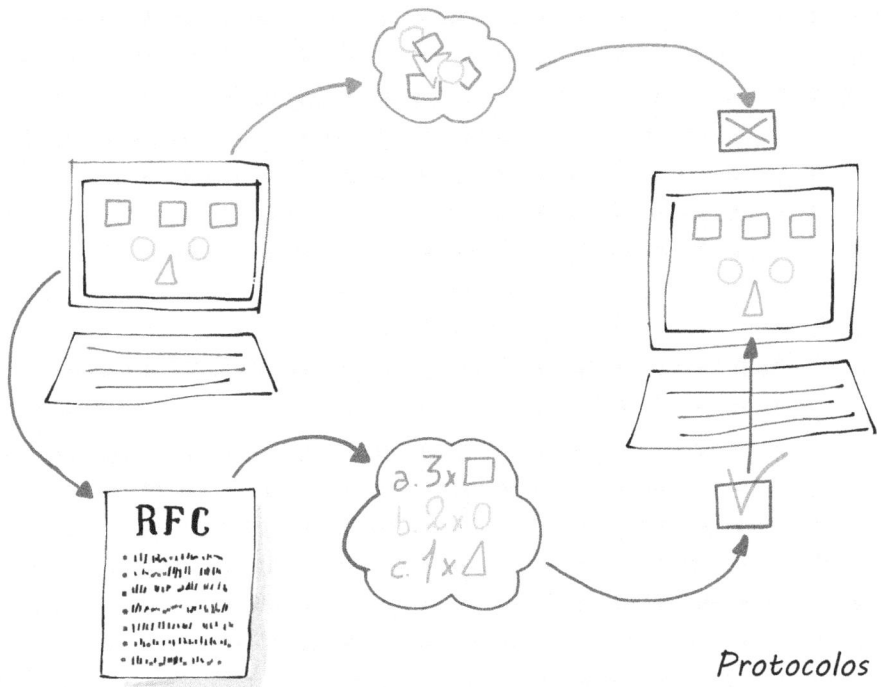

Figura 7.3: Protocolos de aplicación

Protocol), o HTTP para abreviar. Cuando pones "http:" o "https:" al principio de una URL que escribes en un navegador, estás indicando que quieres descargar un documento usando el protocolo HTTP.

Si revisas el documento anterior y vas a la sección 5.3.2 de la página 41, encontrarás el texto exacto que se supone que un cliente envía a un servidor web:

GET http://www.example.org/pub/WWW/TheProject.html HTTP/1.1

Una de las razones de que el HTTP tenga tanto éxito consiste en que es relativamente simple comparado con la mayoría de los protocolos cliente/servidor. A pesar de que el uso básico del HTTP es relativamente sencillo, existen montones de detalles que permiten a los clientes y servidores web comunicarse de forma eficiente y transferir una amplia variedad de información y datos. El protocolo HTTP está descrito en seis documentos diferentes, a lo largo de un total de 305 páginas. Puede parecer que eso es detallar demasiado, pero la clave en el diseño de protocolos está en prever todos los usos posibles del protocolo y en describir cada escenario cuidadosamente.

7.3. Exploración del protocolo HTTP

En esta sección vamos a probar el protocolo HTTP de forma manual, simulando ser un navegador web y enviando comandos HTTP a un servidor web para descargar datos. Para jugar con el protocolo HTTP, usaremos una de las primeras aplicaciones que se crearon para Internet.

La aplicación "*telnet*" fue desarrollada por primera vez en 1968, y ese desarrollo se realizó de acuerdo a uno de los primeros estándares de Internet:

https://tools.ietf.org/html/rfc15

Este estándar sólo tiene una extensión de cinco páginas y a estas alturas, seguramente seas capaz de interpretar y comprender fácilmente la mayoría de lo que hay en el documento. La aplicación cliente de *telnet* es tan antigua como un dinosaurio, ya que viene de tiempos "prehistóricos", si hablamos en términos de la edad de Internet. Internet fue creado en 1985 por el proyecto NSFNet y el precursor del NSFNet, llamado ARPANET, fue iniciado en 1969. *Telnet* se diseñó y creó antes incluso de que estuviera en funcionamiento la primera red TCP/IP.

Curiosamente, la aplicación *telnet* sigue presente en la mayoría de los sistemas operativos modernos. Puedes acceder a *telnet* desde el terminal (línea de comandos) en Macintosh y Linux. La aplicación *telnet* estaba también presente desde Windows 95 hasta Windows XP, pero ya no está incluida en las últimas versiones de ese sistema operativo. Si dispones de una versión más moderna de Windows, puedes descargar e instalar un cliente *telnet* para realizar los ejemplos de esta sección.

Telnet es una aplicación muy sencilla. Ejecuta *telnet* desde la línea de comandos (o terminal), y teclea el siguiente comando:

telnet www.dr-chuck.com 80

El primer parámetro es un nombre de dominio (se puede usar también una dirección IP), seguido de un puerto al que conectarse en ese equipo. Usamos el puerto para indicar a qué servidor de aplicación queremos conectarnos. El puerto 80 es donde normalmente esperaríamos encontrar una aplicación servidor HTTP (web) en un equipo. Si no hay un servidor web escuchando en el puerto 80, se agotará el tiempo de conexión y se producirá un error. Pero si existe un servidor web, conectaremos con él y cualquier cosa que escribamos en nuestro teclado será enviada directamente al servidor. En ese punto, necesitaremos conocer el protocolo HTTP y escribir los comandos exactamente como se esperan. Si no conocemos el protocolo, el servidor web no se mostrará muy amistoso. Aquí vemos un ejemplo de lo que ocurre cuando las cosas no van bien:

```
telnet www.dr-chuck.com 80
Trying 198.251.66.43...
Connected to www.dr-chuck.com.
Escape character is '^]'.
HELP
<!DOCTYPE HTML PUBLIC "-//IETF//DTD HTML 2.0//EN">
<html><head>
<title>501 Method Not Implemented</title>
...
</body></html>
Connection closed by foreign host.
```

Escribimos "telnet" en el terminal solicitando una conexión al puerto 80 (el servidor web) del equipo www.dr-chuck.com. Puedes ver cómo nuestra capa de transporte comienza investigando el nombre de dominio, y encuentra que la dirección real es "198.251.66.43", realizando a continuación una conexión con éxito a ese servidor. Una vez que estamos conectados, el servidor espera que escribamos un comando seguido por la tecla intro (*enter*) o retorno (*return*). Como no conocemos el protocolo, tecleamos "HELP" (ayuda) e intro. Al servidor no le gusta, nos envía un mensaje de error y luego cierra la conexión. No disponemos de un segunda oportunidad. Si no conocemos el protocolo, el servidor web no quiere hablar con nosotros.

Pero volvamos atrás y leamos la sección 5.3.2 del documento RFC-7230 antes de probar de nuevo a solicitar un documento usando la sintaxis correcta:

```
telnet www.dr-chuck.com 80
Trying 198.251.66.43...
Connected to www.dr-chuck.com.
Escape character is '^]'.
GET http://www.dr-chuck.com/page1.htm HTTP/1.0

HTTP/1.1 200 OK
Last-Modified: Sun, 19 Jan 2014 14:25:43 GMT
Content-Length: 131
Content-Type: text/html
```

7.3. EXPLORACIÓN DEL PROTOCOLO HTTP

```
<h1>The First Page</h1>
<p>
If you like, you can switch to the
<a href="http://www.dr-chuck.com/page2.htm">
Second Page</a>.
</p>
Connection closed by foreign host.
```

Realizamos la conexión con el navegador web de nuevo usando *telnet*, luego enviamos un comando GET que indica qué documento queremos descargar. Usamos la versión 1.0 del protocolo HTTP, porque es más sencilla que la HTTP 1.1. Luego enviamos una línea en blanco pulsando "retorno" o "intro" para indicar que hemos terminado con nuestra petición.

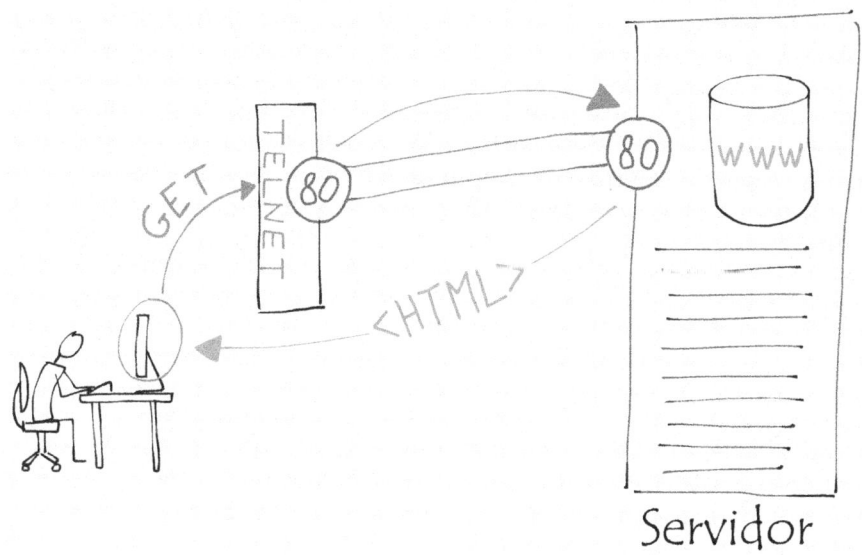

Figura 7.4: Descarga de HTTP de forma manual

Como le hemos enviado la petición correcta, el equipo remoto responde con una series de cabeceras describiendo el documento, seguido por una línea en blanco, y a continuación envía el propio documento.

Las cabeceras comunican metadatos (datos acerca de los datos) del documento que hemos solicitado. Por ejemplo, la primera línea contiene un código de estado (*status code*).

En este ejemplo, el código de estado "200" significa que las cosas han ido bien. Un código de estado "404" en la primera línea de las cabeceras indica que el documento solicitado no se ha encontrado. Un código de estado "301" indica que el documento ha cambiado de sitio y está en una ubicación diferente.

Los códigos de estado de HTTP están divididos en rangos: Los códigos 2XX indican éxito, los códigos 3XX son para redirigir, los códigos 4XX indican que la aplicación cliente hizo algo incorrecto, y los códigos 5xxx indican que el servidor hizo algo incorrecto.

Como se ha solicitado un documento de Lenguaje de Marcas de HiperTexto (HTML), este contiene marcas como <h1> y <p>. Cuando es un navegador quien recibe un documento en formato HTML, tiene en cuenta las marcas del documento, las interpreta y nos muestra una versión del documento con formato.

7.4. El protocolo IMAP para descarga de correo

El protocolo HTTP sólo es uno más de los muchos protocolos de aplicación cliente/servidor utilizados en Internet. Otro protocolo habitual se usa para que una aplicación de correo que se esté ejecutando en tu equipo pueda descargar correo desde un servidor central. Como es muy probable que tu computadora personal no permanezca encendida todo el tiempo, cuando alguien te envía un correo en realidad este es dirigido a un servidor y almacenado allí hasta que tú enciendes tu equipo y descargas todo el correo nuevo.

Como muchas aplicaciones estándar, el Protocolo de Acceso a Mensajes de Internet (*Internet Message Access Protocol* o IMAP) está descrito en una serie de documentos de Peticiones de Comentarios (*Request For Comment* o RFC), comenzando por este:

https://tools.ietf.org/html/rfc3501

El IMAP es un protocolo más complicado que el protocolo web, de modo que no seríamos capaces de usar comandos *telnet* para simular ese protocolo. Pero si fueras a desarrollar una aplicación de lectura de correo, podrías estudiar cuidadosamente el documento y crear código para mantener una comunicación satisfactoria con un servidor que cumpla con los estándares IMAP. He aquí un ejemplo sencillo de la sección 6.3.1 del documento anterior, donde se muestra lo que el cliente (C:) envía y cómo responde el servidor (S:):

```
C: A142 SELECT INBOX
S: * 172 EXISTS
S: * 1 RECENT
S: * OK [UNSEEN 12] Message 12 is first unseen
S: * OK [UIDVALIDITY 3857529045] UIDs valid
S: * OK [UIDNEXT 4392] Predicted next UID
S: * FLAGS (\Answered \Flagged \Deleted \Seen \Draft)
S: * OK [PERMANENTFLAGS (\Deleted \Seen \*)] Limited
S: A142 OK [READ-WRITE] SELECT completed
```

Los mensajes que se envían entre sí el cliente y el servidor no están diseñados para ser visualizados por un usuario final, de modo que no son particularmente descriptivos. Estos mensajes tienen un formato concreto y son enviados en un orden determinado para que puedan ser generados y leídos por aplicaciones informáticas en red, una en cada extremo de la conexión.

7.5. Control de flujo

Cuando estudiamos la capa de Transporte, hablamos acerca del "tamaño de ventana", que era la cantidad de datos que enviaba la capa de Transporte en el equipo emisor antes de detenerse y esperar una confirmación.

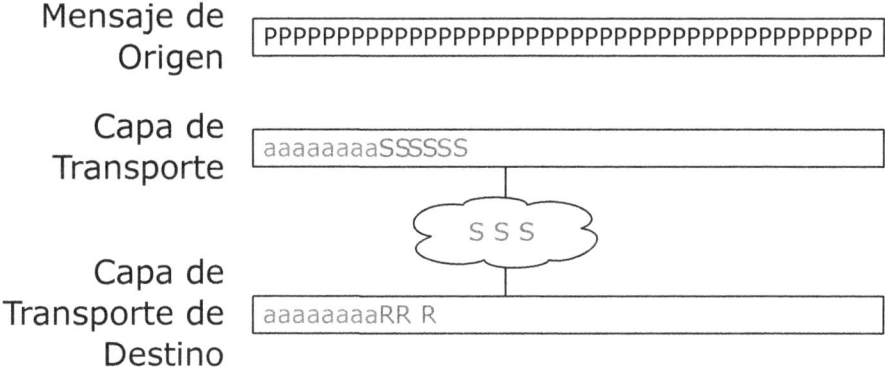

Figura 7.5: Almacenamiento en la Capa de Transporte

En esta figura, vemos un mensaje dividido en paquetes, con algunos de esos paquetes ya enviados y confirmados. Seis paquetes han sido enviados pero aún no han sido confirmados, y la capa de Transporte del emisor ha alcanzado el límite de su ventana de transmisión, de modo que está detenido hasta que reciba una confirmación desde la capa de Transporte del equipo receptor. El equipo receptor ha recibido tres paquetes, uno de los cuales está desordenado.

Cuando examinamos antes este ejemplo desde el punto de vista de la capa de Transporte, ignorábamos de dónde venían los paquetes enviados y a dónde se dirigían esos paquetes dentro del equipo receptor. Ahora que estamos considerando la capa de Aplicación, podemos incluir las dos aplicaciones que son el origen y el destino de la cadena de datos.

Supongamos que el navegador web ha realizado una conexión de transporte con el servidor web y ha comenzado a descargar el fichero de una imagen. El servidor web habrá abierto el archivo de la imagen y estará enviando los datos desde el fichero hacia su capa de Transporte tan rápido como le sea posible. Pero la capa de Transporte debe seguir las reglas del tamaño de ventana, de modo que sólo podrá enviar una cierta cantidad de datos cada vez. Cuando la ventana se llene, el servidor web se detendrá hasta que la capa de Transporte en el equipo de destino empiece a recibir paquetes y a enviar confirmaciones de ello.

A medida que la capa de Transporte del equipo de destino comienza a recibir paquetes, reconstruye la cadena de datos, envía confirmaciones de recepción y entrega la cadena de paquetes reconstruida al navegador web que esté activo en la pantalla del usuario. A veces, en una conexión lenta, se puede ver al navegador "dibujar" las imágenes a medida que se descargan los datos. En conexiones rápidas los datos llegan tan deprisa que las imágenes aparecen de forma instantánea.

Si volvemos a dibujar el esquema de los paquetes en la capa de Transporte, añadiendo ahora ambas capas de Aplicación, y teniendo en cuenta que los paquetes que están en medio corresponderían a la imagen que se está enviando, quedaría algo como esto:

El servidor web está leyendo el fichero de imagen ('F') y enviándolo como una cadena hacia el navegador web, tan rápido como puede. La capa de Transporte de origen ha dividido la cadena en paquetes y ha usado la IP del equipo de destino para enviar los paquetes hacia él.

La capa de Transporte ha enviado seis paquetes ('S') y luego ha dejado de enviar, por haber alcanzado su tamaño de ventana y ha pausado el servidor web. Tres de esos seis paquetes han llegado a la capa de Transporte del equipo de destino ('R'), y los otros tres

7.5. CONTROL DE FLUJO

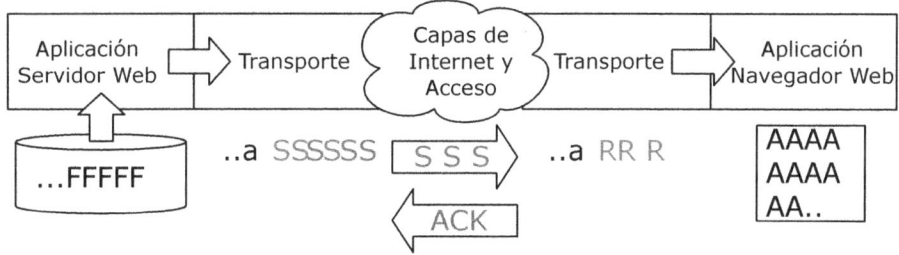

Figura 7.6: Almacenamiento en las capas de Aplicación y Transporte

están aún realizando el viaje a través de Internet ('S').

A medida que la capa de Transporte de destino va uniendo de nuevo los trozos de la cadena, envía una confirmación (ACK) y entrega los datos a la aplicación receptora (el navegador web). El navegador web reconstruye la imagen ('A') y la muestra al usuario una vez recibidos los datos.

Un detalle clave en el que fijarse en este dibujo es que las capas de transporte no conservan los paquetes del fichero completo. Sólo retienen los paquetes que están "en tránsito" y sin confirmar. Una vez que los paquetes son confirmados y entregados a la aplicación de destino, no hay ninguna razón para que ninguna de las capas de Transporte (ni la de origen ni la de destino) conserven esos paquetes.

Cuando la confirmación llega desde el equipo de destino hasta el de origen, la capa de Transporte del equipo de origen activa de nuevo la aplicación servidor web y el servidor continúa leyendo datos desde el archivo y enviándolos hacia la capa de Transporte de origen para que esta los transmita a través de la red.

Esta capacidad de iniciar y detener la aplicación que emite los datos para asegurarse de enviarlos lo más rápido posible sin llegar a colapsar Internet recibe el nombre de "control de flujo". Las aplicaciones no son responsables del control de flujo, ellas sólo tratan de enviar o recibir datos tan rápido como pueden, y las dos capas de transporte inician y detienen las aplicaciones a medida que lo necesitan, basándose en la velocidad y fiabilidad de la red.

7.6. Creación de aplicaciones en red

Las aplicaciones que envían y reciben datos a través de la red están escritas en uno o más lenguajes de programación. Muchos lenguajes de programación tienen librerías de código[1] que hacen que resulte bastante sencillo escribir código de aplicación para enviar y recibir datos a través de la red. Con una buena librería de programación, realizar una conexión con una aplicación que esté corriendo en un servidor y enviar y recibir datos de ese servidor resulta generalmente tan sencillo como leer y escribir en un fichero.

Como ejemplo, el siguiente código es todo lo que se necesita en el lenguaje de programación Python para realizar una conexión con un servidor web y descargar un documento:

```
import socket

mysock = socket.socket(socket.AF_INET, socket.SOCK_STREAM)
mysock.connect(('www.py4inf.com', 80))
mysock.send('GET http://www.py4inf.com/code/romeo.txt HTTP/1.0\n\n')

while True:
    data = mysock.recv(512)
    if ( len(data) < 1 ) :
        break
    print data

mysock.close()
```

Figura 7.7: Programación con sockets en Python

Aunque tal vez no conozcas el lenguaje de programación Python, el detalle clave es que sólo se necesitan diez líneas de código para establecer y usar una conexión de red. Este código es sencillo porque las capas de Transporte, Internet y Acceso resuelven los problemas en cada una de sus capas tan eficazmente que las aplicaciones que usan la red pueden ignorar casi todos los detalles técnicos de implementación de esa red.

En la aplicación Python, en esta línea de código

```
mysock.connect(('www.py4inf.com', 80))
```

---

[1] Aunque la traducción correcta de *libraries of code* sería *bibliotecas de código*, resulta bastante habitual entre la comunidad de programadores llamarles *librerías de código*, por lo que es el término que se utilizará en este libro. (Nota del trad.)

hemos especificado que estamos conectándonos a la aplicación que está escuchando las conexiones entrantes en el puerto 80 del equipo remoto www.py4inf.com.

Al elegir el puerto 80 estamos indicando que queremos conectarnos a un servidor World Wide Web en ese equipo y que deseamos comunicarnos con ese servidor usando el Protocolo de Transporte de HiperTexto (HTTP).

7.7. Resumen

El objetivo del conjunto de las tres capas inferiores (Transporte, Internet y Conexión) es conseguir que la aplicación que se ejecuta en la capa de Aplicación pueda centrarse en los problemas concretos que esa aplicación tiene que resolver, y deje que virtualmente toda la complejidad del movimiento de datos a través de la red sea gestionado por las capas inferiores del modelo de red.

Gracias a que este método proporciona una gran facilidad para crear aplicaciones en red, disponemos de una amplia variedad de programas de este tipo, como navegadores web, aplicaciones de correo, vídeo-juegos en red, aplicaciones de telefonía basadas en red, y muchas otras. Y lo que resulta aún más excitante es que resulta sencillo experimentar y crear cualquier tipo nuevo de aplicación en red para resolver problemas que quizás no han sido ni siquiera imaginados aún.

7.8. Glosario

código de estado: Un detalle del protocolo HTTP que indica el éxito o fracaso general de la solicitud de un documento. El código de estado HTTP más conocido es el "404", que es la forma que tiene un servidor HTTP de decirle al cliente (por ejemplo, un navegador) que el documento solicitado no se ha podido encontrar.

control de flujo: Cuando un equipo emisor reduce la velocidad para asegurarse de que no satura ni la red ni al equipo de destino. El control de flujo también consigue que el equipo emisor aumente la velocidad a la que envía los datos cuando está seguro de que la red y el equipo de destino pueden gestionar velocidades de trasmisión de datos más rápidas.

HTML: *HyperText Markup Language* (Lenguaje de Marcas de HiperTexto). Un formato textual que resalta texto usando etiquetas rodeadas de los símbolos menor-que y mayor-que. Un ejemplo de HTML podría tener este aspecto: <p>Esto es bonito</p>.

HTTP: *HyperText Transport Protocol* (Protocolo de Transporte de HiperTexto). Un protocolo de la capa de Aplicación que permite a los navegadores web descargar documentos desde los servidores web.

IMAP: *Internet Message Access Protocol* (Protocolo de Acceso a Mensajes de Internet). Un protocolo que permite a los clientes de correo iniciar sesión y descargar mensajes desde los servidores de correo que permitan IMAP.

navegador web: Una aplicación cliente que se ejecuta en tu equipo para descargar y mostrar páginas web.

servidor web: Una aplicación que envía (sirve) páginas web.

socket: Una librería de software disponible en muchos lenguajes de programación que consigue que crear una conexión de red e intercambiar datos a través de ella resulte casi tan sencillo como abrir y leer un fichero en el mismo equipo.

telnet: Una sencilla aplicación cliente que realiza conexiones TCP con diversas combinaciones de dirección/puerto, y que permite teclear datos para ser enviados a través de la conexión. En los primeros días de Internet, *telnet* se usaba para iniciar sesión remotamente en un equipo a través de la red.

7.9. Cuestionario

1. ¿Qué capa está justo debajo de la capa de Aplicación?

   a) Transporte
   b) Internet
   c) Capa de Acceso
   d) Capa Obtusa

2. ¿Qué tipo de documento se usa para describir en detalle los protocolos usados por la capa de Aplicación?

   a) DHCP

7.9. CUESTIONARIO

b) RFC
c) APPDOC
d) ISO 9000

3. ¿Cuál de los siguientes es un concepto ideado en la capa de Aplicación?

a) 0f:2a:b3:1f:b3:1a
b) 192.168.3.14
c) www.khanacademy.com
d) http://www.dr-chuck.com/

4. ¿Cuál de los siguientes es un tema del que *no* debe preocuparse la capa de Aplicación?

a) Cuál de los equipos (cliente o servidor) inicia la comunicación
b) El formato de los comandos y respuestas intercambiados a través de un *socket*
c) Cómo va cambiando el tamaño de ventana a medida que los datos van siendo enviados a través de un socket
d) El modo en el que se representan los datos al ser enviados a través de la red para garantizar la interoperabilidad.

5. ¿Cuál de los siguientes es un protocolo de la capa de Aplicación?

a) HTTP
b) TCP
c) DHCP
d) Ethernet

6. ¿Qué puerto se utiliza habitualmente para comunicarse con un servidor web?

a) 23
b) 80
c) 103
d) 143

7. ¿Cuál es el comando que envía un navegador a un servidor web para descargar un documento web?

a) RETR
b) DOCUMENT
c) 404
d) GET

8. ¿Cuál es la utilidad de la cabecera "Content-type" cuando se descarga un documento a través del protocolo web?

    a) Indicarle al navegador cómo mostrar el documento descargado
    b) Indicarle al navegador dónde debe ir si no se puede encontrar el documento
    c) Indicarle al navegador si el documento descargado está vacío o no
    d) Indicarle al navegador dónde terminan las cabeceras y empieza el contenido

9. ¿Qué comando habitual en UNIX se puede utilizar para enviar comandos sencillos a un servidor web?

    a) ftp
    b) ping
    c) traceroute
    d) telnet

10. ¿Qué significa un código de estado HTTP "404"?

    a) El documento ha cambiado de ubicación
    b) Descarga del documento correcta
    c) Error de protocolo
    d) Documento no encontrado

11. ¿Qué símbolos se utilizan para resaltar la sintaxis en los documentos HTML?

    a) Los símbolos menor-que y mayor-que < >
    b) Símbolos de exclamación !
    c) Paréntesis cuadrados (corchetes) [ ]
    d) Llaves { }

12. ¿Cuál de los siguientes es un protocolo usado habitualmente para descargar correo?

7.9. CUESTIONARIO

   a) RFC
   b) HTML
   c) ICANN
   d) IMAP

13. ¿Qué protocolo de aplicación describe el RFC15?

   a) telnet
   b) ping
   c) traceroute
   d) www

14. ¿Qué le ocurre a una aplicación servidor que está enviando un fichero grande cuando la capa TCP ha enviado datos suficientes para llenar el tamaño de ventana y no ha recibido aún una confirmación de recepción?

   a) La aplicación cambia su transmisión a un socket nuevo
   b) La aplicación falla y debe ser reiniciada
   c) La aplicación se pone en pausa hasta que el equipo remoto confirma que ha recibido parte de los datos
   d) El router más cercano que ejerza de puerta de acceso empieza a descartar los paquetes que excederían el tamaño de ventana

15. ¿Qué es un "socket" en Internet?

   a) Un modo de que los dispositivos obtengan energía de forma inalámbrica
   b) Un modo de que los dispositivos obtengan una dirección IP
   c) Una entrada en una tabla de enrutamiento
   d) Una conexión bi-direccional entre un par de aplicaciones cliente y servidor

16. ¿Qué debe figurar en el código de una aplicación para poder realizar una conexión a través de un socket?

   a) La dirección del servidor y el número de puerto en ese servidor
   b) La ruta entre los equipos de origen y destino
   c) Qué parte de la dirección IP se corresponde con la dirección de red
   d) El tamaño inicial de la ventana TCP durante la transmisión

Capítulo 8

La Capa de Transporte Seguro

En los primeros días de Internet, las redes eran pequeñas y todos los routers estaban situados en lugares seguros. Bastaba con que cada equipo conectado a Internet se protegiera a sí mismo frente a conexiones entrantes no deseadas, se creía que no había necesidad de proteger los datos frente a espías mientras atravesaban la red.

De modo que las capas de Acceso, Internet y Transporte estaban centradas en conseguir el movimiento eficiente de los datos y en resolver los problemas de las redes distribuidas compartidas a gran escala, sin preocuparse acerca de la privacidad de los datos que transportaban.

Pero a medida que el uso de Internet iba creciendo con rapidez a finales de los años 80, y cuando literalmente sufrió una explosión con la popularización de la Web en 1994, la seguridad y la privacidad del tráfico de red se convirtieron en problemas muy importantes que había que resolver. Cuando se empezó a utilizar Internet como vehículo para el comercio y las tarjetas de crédito y números de cuentas bancarias empezaron a circular de forma cotidiana por la red, asegurar esos datos se convirtió en esencial. Y cuando se comenzaron a utilizar tecnologías inalámbricas como el WiFi, la seguridad se convirtió en algo necesario incluso para los usos más básicos de Internet.

Existen dos planteamientos globales para tratar de asegurar la actividad en la red. El primero se basa en asegurarse de que todo el hardware de red (routers y conexiones) se encuentre en ubicaciones físicamente seguras, de modo que no sea posible que alguien se cuele y monitorice el tráfico que circula por Internet.

Este método no resulta práctico para cientos de miles de routers de red que pertenecen y son operados por muchas compañías diferentes. Aunque se pudiera garantizar que algunos de los operadores de los routers siguieran estrictas normas y procedimientos de seguridad, tarde o temprano alguien cometería un error. Y en cuanto el WiFi se añadió a la mezcla y los paquetes empezaron a viajar a través de ondas de radio, un atacante de la red ya podía simplemente sentarse en una cafetería e interceptar paquetes, a medida que pasaban por el aire.

En esas condiciones, la única solución razonable pasa por encriptar o codificar los datos en tu equipo antes de enviarlos a través de su primera conexión física, y luego desencriptar o decodificar esos datos en el equipo de destino después de su recepción. Al usar este método, asumimos que un atacante puede ver todos los paquetes que se envían, pero no puede desencriptar los datos que ha capturado. La encriptación también garantiza que no haya forma de alterar los datos durante su viaje a través de Internet.

8.1. Encriptación y desencriptado de datos

La idea de proteger la información para que no pueda ser leída cuando está siendo transportada a través de un medio inseguro tiene cientos de años de antigüedad. Los generales de las legiones romanas se enviaban entre ellos mensajes codificados usando un código llamado "Cifrado César". La versión más simple de este método consiste en coger cada una de las letras del mensaje real (que llamaremos "texto plano"), y desplazarla una distancia fija hacia delante en el alfabeto, para producir el mensaje codificado o "texto cifrado".

Luego se envía el texto cifrado hacia otra persona, a través de un mensajero o utilizando otro medio de transporte inseguro. El mensajero no puede leer el mensaje, ya que este parece estar compuesto solamente por una serie de letras aleatorias, a menos que conozca cuál ha sido la técnica utilizada para codificarlo.

Siempre que la persona que reciba el mensaje sepa cuál ha sido el número utilizado para alterar el mensaje, podrá decodificar las letras para reproducir el mensaje original.

Aquí podemos ver un ejemplo sencillo de texto plano y texto cifrado usando un desplazamiento de una posición:

```
Texto plano:    Id hacia el río
```

Texto cifrado: Je ibdjb fm sjp

Se utiliza la palabra "encriptar" (o cifrar) para describir la transformación del texto plano en texto cifrado, y "desencriptar" (o descifrar) para describir el proceso contrario.

El Cifrado Cesar resulta muy sencillo de romper, pero fue usado para proteger mensajes importantes hasta hace unos 150 años. Las técnicas de encriptación modernas son mucho más sofisticadas que un simple desplazamiento de letras, pero todos los sistemas de encriptación dependen en cierto modo de una clave secreta que ambas partes deben conocer para poder desencriptar los datos recibidos.

8.2. Dos tipos de secretos

El modo tradicional de encriptar transmisiones consiste en utilizar un secreto compartido (una contraseña, una frase, un número) que sólo conocen la pareja de emisor y receptor. Con el secreto, resulta sencillo desencriptar los datos recibidos, pero si recibes los datos sin tener el secreto, sería prácticamente imposible desencriptar el mensaje.

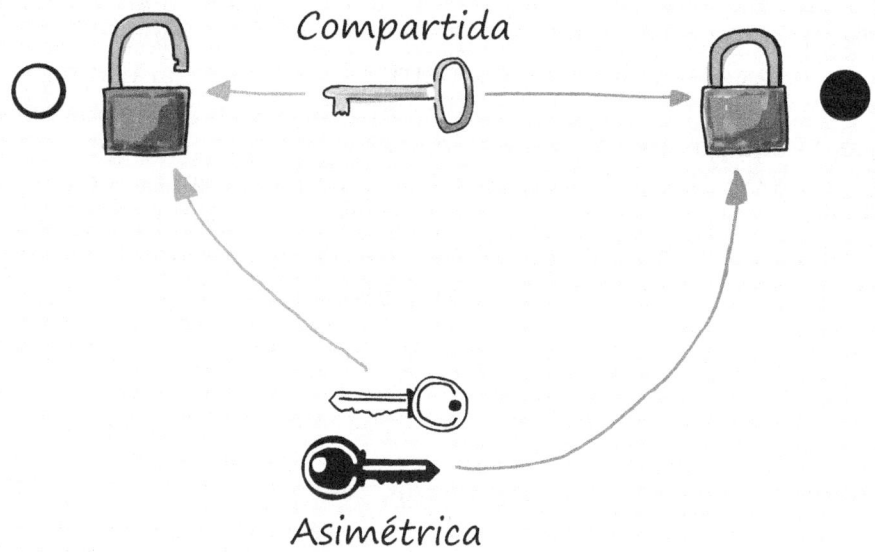

Figura 8.1: Clave compartida frente a asimétrica

En los primeros días de Internet, dos personas podían enviarse entre sí correos encriptados si una de las personas llamaba primero a la otra por teléfono y le contaba cual era el secreto para desencriptar. Esto funcionaba bien cuando sólo había unos pocos usuarios en la red, pero no sería posible aplicar la misma solución a una compañía que puede tener millones de clientes y que no puede permitirse el tener que realizar una llamada de teléfono a cada cliente para establecer un secreto compartido con ellos cada vez que quieran realizar, por ejemplo, una compra.

El distribuir los secretos compartidos a través de Internet puede parecer una buena idea, pero si suponemos que los atacantes están monitorizando y capturando todo el tráfico de la red, podrían capturar también el mensaje sin encriptar que contiene el secreto compartido. En ese caso resultaría trivial para el atacante usar el secreto compartido para desencriptar un mensaje. Y aún peor, el atacante podría interceptar un mensaje, retrasarlo, desencriptarlo, modificarlo y volverlo a encriptar, y devolver de nuevo el mensaje modificado a su trayecto. El equipo receptor desencriptaría el mensaje y nunca sabría que ha sido modificado por un atacante durante su viaje.

De modo que los secretos compartidos está claro que no funcionarían a la hora de resolver el problema de asegurar el tráfico a través de la red entre miles de millones de parejas de equipos interconectados.

La solución a este problema llegó en los años 70, con el desarrollo del concepto de cifrado de clave asimétrica. El principio en el que se basa el cifrado de clave asimétrica consiste en el uso de una clave para encriptar el mensaje y otra diferente para desencriptarlo. El equipo que va a recibir los datos encriptados elige ambas claves: la de cifrado y la de descifrado. Después envía la clave de cifrado al equipo que va a enviar los datos. El equipo emisor encripta los datos y los envía a través de la red. El equipo receptor usa la clave de descifrado para desencriptar los datos.

La clave de cifrado recibe el nombre de clave "pública", porque puede ser compartida con cualquiera. A la clave de descifrado se le llama clave "privada", porque nunca sale del equipo donde ha sido creada. Las claves asimétricas también reciben en ocasiones el nombre de claves pública/privada.

Todo el proceso ha sido diseñado para que si un atacante consigue la clave pública (que se ha enviado sin encriptar) y el texto encriptado, sea virtualmente imposible descifrar los datos encriptados. Hay un montón de cálculos matemáticos con números primos enormes que hacen que resulte muy difícil adivinar la clave privada a partir de la clave pública y los datos encriptados.

De modo que, tras la llegada de la tecnología de clave pública/privada, la única cuestión pendiente era cómo aplicarla sobre nuestro modelo de red.

8.3. Capa de Sockets Seguros (SSL)

En el momento en que los ingenieros de la red decidieron añadir seguridad habían transcurrido ya 20 años desde el desarrollo de los protocolos de Internet, de modo que resultaba crucial no alterar ninguno de los protocolos y arquitecturas de Internet ya existentes. Su solución consistió en añadir una capa parcial opcional entre la capa de Transporte y la de Aplicación. Esta capa parcial recibió el nombre de Capa de Sockets Seguros (*Secure Sockets Layer o SSL), o Seguridad de la Capa de Transporte (Transport Layer Security o TLS).

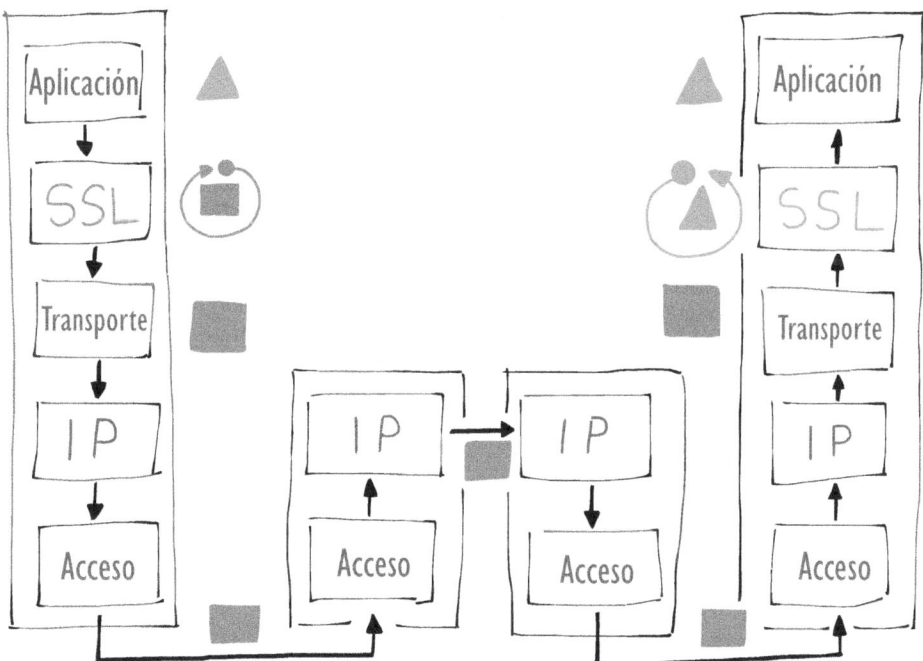

Figura 8.2: Dónde se produce la encriptación y desencriptado

Cuando una aplicación solicitaba que la capa de Transporte realizara una conexión con un equipo remoto, podría solicitar que esa conexión fuera cifrada o bien sin cifrar. Si se solicitaba una conexión cifrada, la capa de Transporte encriptaba los datos antes de dividir la cadena en paquetes. Esto quiere decir que la capa de Transporte, la capa de Internet y las capas físicas (conexiones) podían seguir actuando exactamente del mismo modo estuvieran los paquetes encriptados o no. Las aplicaciones que realizaban las conexiones se ahorraban también los detalles sobre cómo funcionaban el encriptado y desencriptado.

Como el cifrado fue un añadido simple y transparente a la capa de Transporte, no fue necesario cambiar los routers que operaban en las capas de Internet y Acceso. No fue necesario reemplazar ningún hardware de la capa de Acceso para que el cifrado funcionara. Y las aplicaciones tampoco necesitaron ser modificadas, salvo para solicitar que una conexión fuera encriptada cuando correspondiera.

8.4. Cifrado del tráfico del navegador web

Dado que los navegadores y los servidores web operan en la capa de aplicación, apenas nos damos cuenta de cuándo usan conexiones cifradas y cuándo sin cifrar. Los navegadores web han acordado reemplazar "http:" con "https:" en las URLs para indicar que el navegador va a comunicarse con el servidor web usando la Capa de Transporte Segura en vez de la capa de Transporte sin cifrar. Los navegadores normalmente mostrarán el icono de un "candado" en la barra de direcciones para informar de que se están comunicando con un sitio web seguro.

Al establecerse conexiones https se produce una pequeña sobrecarga y un ligero coste en recursos al tener que encriptar y desencriptar los datos que están siendo enviados. Dado que https resultaba ligeramente más costoso en recursos, durante un tiempo sólo se utilizó para páginas que contenían contraseñas, números de cuentas bancarias u otros datos sensibles.

Pero con el tiempo, a medida que las redes se fueron haciendo más rápidas y se consiguieron implementaciones https mucho más eficientes, hubo una tendencia a cifrar todas las interacciones con aquellos servidores web donde cada usuario operara a través de una cuenta de usuario propia. Actualmente se tiende cada vez más hacia el uso de https para todo el tráfico web.

8.5. Certificados y Autoridades de Certificación

Aunque el cifrado mediante claves pública/privada es eficaz para permitir la distribución de las claves de cifrado a través de redes inseguras y el uso de esas claves para cifrar las transmisiones, existe aún el problema de saber si la clave pública que recibes cuando te conectas a un servidor corresponde realmente a la entidad de la que asegura proceder.

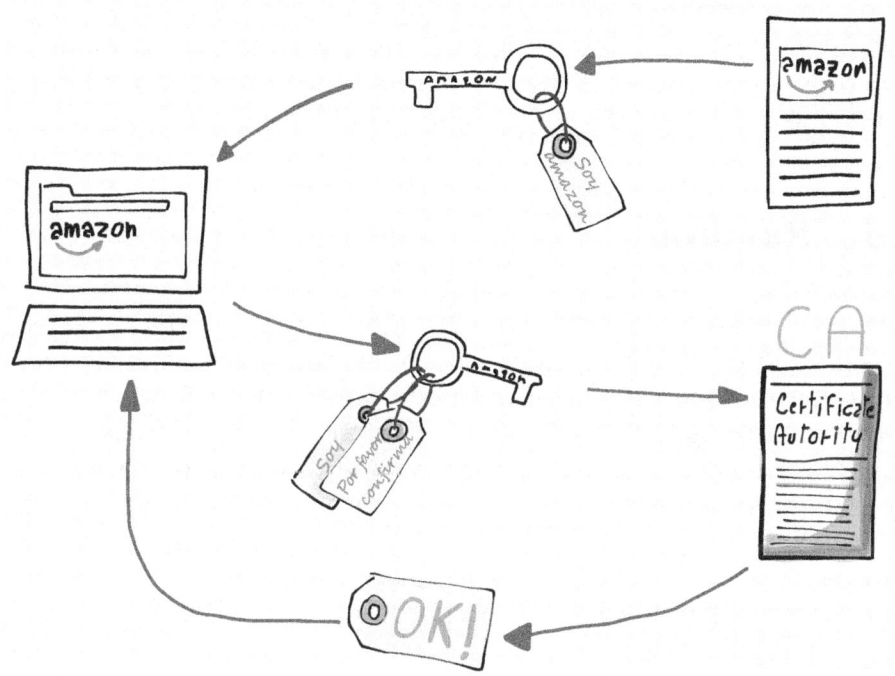

Figura 8.3: Autoridades de Certificación y claves públicas

Tal vez creas que estás conectando a www.amazon.com, pero un equipo malintencionado intercepta tu tráfico, asegura ser www.amazon.com y te da una clave pública para que la utilices para el cifrado. Si tu navegador confía en la clave, usará esa clave que le ha proporcionado el equipo malintencionado para encriptar tu información bancaria y enviársela. Como el equipo malintencionado te ha proporcionado la clave pública, él dispone también de la clave privada correspondiente y es capaz de desencriptar los datos recibidos y desaparecer con tu información bancaria.

Así que un dispositivo necesita saber de quién procede realmente la clave que recibe. Esto se consigue enviando a ese equipo una clave pública que está firmada digitalmente por una Autoridad de Certificación (*Certificate Authority* o CA). Cuando se instala por primera vez un equipo o navegador, dispone de una serie de autoridades de certificación oficiales. Si el navegador recibe una clave pública que está firmada por una de esas autoridades de certificación, confía en la clave y la usa para encriptar y enviar los datos. Si por el contrario el equipo recibe una clave pública que no está firmada por ninguna de las autoridades de certificación de confianza, avisará al usuario antes de enviar los datos usando esa clave.

Si ves un mensaje de aviso acerca de un certificado sin verificar, probablemente deberías decir que "no", y averiguar por qué el tráfico de tu red no está siendo dirigido hacia el servidor al que creías que iba, antes de enviar ningún dato sensible.

8.6. Resumen

Dado que Internet ya tenía casi 20 años antes de que se hiciera necesario implementar seguridad en las comunicaciones a nivel general, hubo que encontrar un modo de añadir seguridad al modelo de cuatro capas ya existente. El lugar perfecto para añadirlo fue incluirlo como una opción adicional en la capa de Transporte. Por eso llamamos a las conexiones seguras en Internet "Capa de Sockets Seguros" (*Secure Sockets Layer* o SSL), o "Seguridad de la Capa de Transporte" (*Tranport Layer Security o TLS). Hay sutiles diferencias entre SSL y TLS, pero ambas encriptan los datos en la capa de Transporte.

La invención del cifrado mediante clave pública/privada fue muy oportuno, ya que resolvió el problema de distribución de la clave en los sistemas de cifrado mediante secreto compartido. Con las claves pública/privada, la clave de cifrado pública puede ser compartida con normalidad a través de un medio inseguro. Esto significa que se puede usar una conexión sin cifrar para intercambiar datos y mejorar a continuación esa misma conexión para convertirla en segura.

Al añadir la capa segura encima de la capa de Transporte, se evitó el tener que cambiar las capas de Aplicación, Internet y Conexión, mientras se convertía en segura con facilidad la capa de Transporte de cualquier conexión. Este sistema asegura que todos los datos que son enviados a través de una conexión son encriptados antes de que salgan del equipo. Dado que muchos de nosotros usamos conexiones inalámbricas como WiFi, que pueden ser fácilmente monitorizadas por atacantes, es una buena idea encriptar los datos antes de enviarlos a través de las ondas.

Los navegadores soportan conexiones seguras cambiando el prefijo de la URL de "http:" a "https:". Si se fijan en la URL, los usuarios finales pueden asegurarse de no enviar nunca datos sensibles a través de conexiones inseguras. Una serie de Autoridades de Certificación de confianza deben firmar las claves públicas para darte la seguridad de que la clave que recibes corresponde de verdad a la organización de la que debería ser.

El diseño de la Capa de Transporte Seguro proporciona un mecanismo seguro y aún así sencillo de usar para asegurar las comunicaciones a través de Internet a una escala de miles de millones de parejas de equipos interactuando entre sí.

8.7. Glosario

autoridad de certificación: Una organización que firma digitalmente claves públicas después de verificar que el nombre que figura en cada clave pública corresponde de verdad a la persona u organización que posee esa clave pública.

clave asimétrica: Un sistema de encriptación en el cual se usa una clave (pública) para encriptar los datos antes de transmitirlos, y una clave diferente (privada) para desencriptar esos datos una vez recibidos.

clave privada: La parte de una pareja de claves que se utiliza para desencriptar o descifrar transmisiones.

clave pública: La parte de una pareja de claves que se utiliza para encriptar o cifrar transmisiones.

desencriptar, decodificar o descifrar: La acción de transformar un texto cifrado en un mensaje de texto plano usando un secreto o clave.

encriptar, codificar o cifrar: La acción de transformar un mensaje de texto plano en un mensaje de texto cifrado usando un secreto o clave.

secreto compartido: Un sistema de cifrado que usa la misma clave para encriptar y desencriptar.

SSL: Secure Sockets Layer (Capa de Sockets Seguros). Un sistema que permite a una aplicación solicitar que la capa de Transporte de una conexión sea cifrada cuando cruza la red. Es similar a la Seguridad de Capa de Transporte (TLS).

texto cifrado: Una versión codificada de un mensaje que no puede ser leída sin conocer la clave de decodificado y la técnica.

texto plano: Un mensaje legible que está a punto de ser encriptado antes de ser enviado.

TLS: Transport Layer Security (Seguridad de Capa de Transporte). Un sistema que permite a una aplicación solicitar que la capa de Transporte de una conexión sea cifrada cuando cruza la red. Es similar a la Capa de Sockets Seguros (SSL).

8.8. Cuestionario

1. Cuando utilizamos un navegador, ¿cómo podemos indicar que queremos utilizar una conexión segura?

   a) Usando https:// en la URL
   b) Usando un navegador web seguro
   c) Abriendo una ventana privada
   d) Codificando manualmente la dirección del servidor usando SHA1

2. ¿Por qué un sistema de secreto compartido no es adecuado para su uso en Internet?

   a) Porque la gente podría perder o traspapelar el secreto
   b) Resulta difícil distribuir los secretos
   c) La encriptación y desencriptado con secretos compartidos se pueden vencer muy fácilmente
   d) La encriptación y desencriptado con secretos compartidos necesita demasiada potencia de cálculo

3. ¿Cuál es el concepto matemático subyacente que hace que resulte seguro el cifrado mediante clave pública/privada?

   a) Las funciones continuas
   b) Las series de Taylor
   c) Los mapas de Karnaugh
   d) Los números primos

4. ¿Cuál de las claves puede ser enviada a través de Internet en texto plano sin comprometer la seguridad?

8.8. CUESTIONARIO

   a) La clave de cifrado
   b) La clave de descifrado
   c) El secreto compartido
   d) La Clave Universalmente Segura (*Universally Safe Key* o USK)

5. ¿Dónde se sitúa la Capa de Sockets Seguros (SSL) en la arquitectura de cuatro capas de Internet?

   a) Debajo de la capa de Acceso
   b) Entre la capa de Acceso y la de Internet
   c) Entre la capa de Internet y la de Transporte
   d) Entre la capa de Transporte y la de Aplicación

6. Si estás usando adecuadamente https en un navegador a través de WiFi desde una cafetería, ¿cuál de los siguientes es el mayor riesgo que corres de perder información sobre tu tarjeta de crédito al realizar una compra online?

   a) Que alguien capture los paquetes que has enviado a través del WiFi
   b) Que alguien capture los paquetes en el router que hace de puerta de acceso
   c) Que alguien capture los paquetes cuando pasen a través de un router central de Internet
   d) Que tengas un virus en tu equipo que capture las pulsaciones de tu teclado

7. Si se usa la Capa de Sockets Seguros (SSL), ¿dónde son encriptados y desencriptados los paquetes?

   a) Son encriptados y desencriptados a medida que van pasando por el router
   b) Cada conexión física dispone de su propia encriptación independiente
   c) Son encriptados en tu equipo y desencriptados en el servidor
   d) Son encriptados en la puerta de acceso WiFi y desencriptados en el último router antes de llegar al equipo de destino

8. ¿Qué cambios se necesitan hacer en la capa IP para que funcione la Capa de Sockets Seguros (SSL)?

a) No es necesario ningún cambio
b) Debemos añadir soporte para IP Segura (IPSEC)
c) Debemos soportar paquetes más grandes en la IP
d) Debe encriptarse el valor del Tiempo de Vida de los paquetes (TTL)

9. Si un sujeto malintencionado es capaz de monitorizar todos los paquetes que circulan a través de un cable submarino y tú estás usando correctamente el cifrado mediante clave pública/privada, ¿cuál de los siguientes datos le resultará más difícil obtener?

   a) Los servidores con los que estás comunicándote
   b) La frecuencia con la que utilizas los servidores
   c) La cantidad de datos que recibes desde los servidores
   d) Qué documentos descargas desde los servidores

10. ¿Cual es la función de una Autoridad Certificadora en un cifrado mediante clave pública/privada?

    a) Asegurarse de que la gente no falsifique títulos de actividades de enseñanza
    b) Asegurarse de que los paquetes sean dirigidos hacia el equipo de destino correcto
    c) Garantizarnos que una clave pública procede realmente de la entidad de la que asegura proceder
    d) Elegir cuándo debe cambiar de IPv4 a IPv6 un determinado país

11. La red ARPANET llevaba funcionando desde principios de la década de los 60. La Capa de Sockets Seguros (SLL) no se inventó hasta los años 80. ¿Cómo logró ARPANET asegurar la seguridad de los datos en su rede?

    a) Utilizando claves públicas/privadas y cifrando todas las transmisiones
    b) Utilizando cifrado en la capa de Acceso
    c) Asegurándose de que nadie pudiera acceder a las conexiones físicas
    d) Utilizando solamente routers WiFi seguros

12. ¿Cual de los siguientes corresponde al mensaje "La seguridad es divertida", encriptado con un Cifrado Cesar y un desplazamiento de 1?

8.8. CUESTIONARIO

   a) Pt sjduaortn zi diibtmasj
   b) We ntudhsdcx di djubfheln
   c) Mb tfhvsjebe ft ejwfsijeb
   d) As dfghjkini qw zxcvbnszl

13. ¿Qué desplazamiento se ha utilizado en Cifrado César para encriptar el mensaje "Zr thfgn yn frthevqnq"?

   a) 1
   b) 6
   c) 13
   d) 24

Capítulo 9

El modelo OSI

Hasta ahora hemos estado todo el tiempo describiendo el modelo de cuatro capas usado para diseñar e implementar los protocolos TCP/IP y las aplicaciones que forman Internet. Sin embargo, el modelo TCP/IP no es el único que podemos utilizar para entender cómo funcionan las redes. El otro modelo que se usa habitualmente para dar sentido al diseño de redes se llama modelo de Interconexión de Sistemas Abiertos (*Open System Interconnection* u OSI). Mientras que el modelo TCP/IP fue diseñado y evolucionó a medida que los protocolos TCP/IP se iban desarrollando, desplegando y cambiando, el modelo OSI fue el resultado de un proceso de cuidadoso diseño por parte de muchos expertos en redes, que trabajaron para desarrollar una teoría general de los modelos de redes.

En el mundo de las redes actual, el modelo OSI y el modelo TCP/IP se utilizan para propósitos diferentes.[1] El modelo TCP/IP es un modelo de *implementación* o *ejecución*, en el cual se proporcionan las directrices para aquellos que quieran crear hardware o software de red compatible con TCP/IP. El modelo OSI es más un modelo *abstracto* que puede usarse para entender desde el punto de vista teórico una amplia variedad de arquitecturas de red.

A pesar de que la tecnología de red TCP/IP es la más ampliamente utilizada hoy día, a lo largo de los últimos 50 años se han implementado y desplegado muchos tipos de redes diferentes. Y a medida que continuemos mejorando y haciendo evolucionar las redes, pueden surgir nuevos modelos de implementación.

---

[1] Esto, por supuesto, es una simplificación. Antes de 1990, *había* implementaciones de redes operativas basadas en las especificaciones ISO que seguían fielmente el modelo de redes OSI. Pero hoy día, esas implementaciones de red ISO/OSI generalmente ya no se usan.

El modelo OSI tiene siete capas en lugar de las cuatro del modelo TCP/IP. Si comenzamos por la base (más cerca de las conexiones físicas) del modelo OSI, las capas son: (1) Física, (2) Enlace de datos, (3) Red, (4) Transporte, (5) Sesión (6) Presentación, y (7) Aplicación. Iremos revisando las capas del modelo OSI de una en una, comenzando por la capa Física.

9.1. Física (Capa 1)

La capa Física OSI trata con los atributos físicos reales de los cables, red inalámbrica, fibra óptica, u otras conexiones que se usan para transportar datos a través de un único enlace. La capa Física también define las formas de los conectores y los tipos de materiales que pueden utilizarse. Otro problema del que se ocupa esta capa es de la forma de codificar los bits (ceros y unos) que componen los datos que se están siendo enviados a través del medio.[2] La "codificación de bits" (o modulación) determina la velocidad a la que se pueden enviar los datos a través de la conexión.

9.2. Enlace de Datos (Capa 2)

La capa de Enlace de Datos OSI se ocupa de cómo cooperan entre sí los sistemas que utilizan una conexión física. Cuando los datos se dividen en paquetes, la capa de Enlace de Datos define cuáles son las secuencias especiales que indican el principio y el final de cada paquete. Los equipos que se comunican usando la conexión física disponen de direcciones asignadas para permitirles realizar un uso efectivo del medio. Algunas veces varios equipos comparten el mismo medio (como ocurre en una red inalámbrica), y la capa de Enlace de Datos define cómo deben compartir las conexiones esos equipos con los demás sistemas conectados a la red. La mayoría de las capas de Enlace de Datos disponen también de algún tipo de mecanismo de *checksum* (suma de verificación) para detectar y/o corregir los errores en los datos transmitidos.

Los problemas de los que se ocupan las capas Física y de Enlace de Datos en el modelo OSI son gestionados por la capa de Acceso en el modelo TCP/IP.

---

[2]La "Codificación Manchester" es una técnica habitual para codificar los bits a la hora de enviarlos a través de un cable.

9.3. Red (Capa 3)

Al igual que hacía la capa de Internet (IP) en el modelo TCP/IP, la capa de Red OSI trata con la asignación global de direcciones "enrutables" para los diversos sistemas conectados a la red. La capa de Red dirige el modo en que los routers reenvían los paquetes a través de múltiples saltos para llevarlos desde su origen hasta su destino. Al igual que la capa IP, la capa de Red OSI no pretende estar libre de errores, ya que asume que si se produce alguna pérdida de datos, esta será detectada y subsanada por la capa situada inmediatamente por encima de ella.

9.4. Transporte (Capa 4)

La capa de Transporte OSI gestiona la pérdida de paquetes y su reenvío, así como el control de flujo y el tamaño de ventana. El resto de las funciones de la capa de capa de Transporte TCP/IP son realizada en el modelo OSI por la capa de Sesión.

9.5. Sesión (Capa 5)

La capa de Sesión OSI se encarga de establecer las conexiones entre aplicaciones. La capa de Sesión trata con los "puertos" para que una aplicación cliente que quiera conectarse pueda "encontrar" la aplicación servidor correcta en un sistema concreto. Algunos aspectos relativos a las transmisiones seguras son también gestionados en la capa de Sesión OSI.

9.6. Presentación (Capa 6)

La capa de Presentación se centra en cómo se representan los datos y se codifican para su transmisión a través de la red. Por ejemplo, la capa de Presentación describiría cómo codificar los píxeles de una imagen para que la aplicación receptora pueda decodificar correctamente los datos. La capa de Presentación también se encarga de la encriptación y desencriptado de los datos.

9.7. Aplicación (Capa 7)

La capa de Aplicación OSI se parece mucho a la capa de Aplicación en el modelo TCP/IP, en el sentido de que también está formada por las propias aplicaciones. Algunas aplicaciones son clientes que inician las conexiones, y otras son servidores que responden a esas peticiones de conexión. Los diversos pares de aplicaciones tienen protocolos estándar que definen la interoperabilidad entre múltiples clientes y múltiples servidores de distintos proveedores.

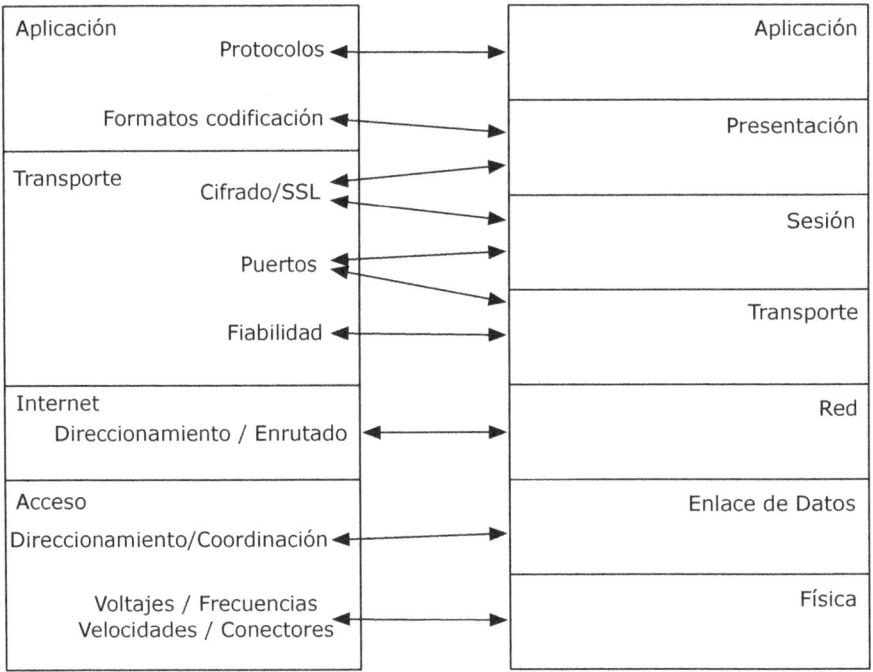

Figura 9.1: Comparación de los modelos TCP y OSI

9.8. Comparación de los modelos OSI y TCP/IP

Podemos usar el modelo OSI para proporcionar una "visión" alternativa del modelo TCP/IP, comparando cómo se divide la funcionalidad de la red en sus distintas capas según el modelo OSI, y cómo se hace lo mismo según el modelo TCP/IP.

9.9. Capa de Acceso (TCP/IP)

La capa de Acceso TCP/IP combina las capas Física y de Enlace de Datos del modelo OSI. Las capas Física y de Enlace de Datos normalmente están integradas en el hardware. Productos como Ethernet, WiFi, conexión por satélite o fibra óptica van a menudo implementados en una tarjeta controladora de red que se conecta en la parte posterior de una computadora o router. La tarjeta controladora de red generalmente integra en el hardware tanto los aspectos físicos como de enlace de datos relativos a la conexión. En la mayoría de los casos, las capas de enlace de datos están adaptadas a las limitaciones y requerimientos de sus capas físicas correspondientes. De modo que en los sistemas reales, resulta bastante raro para una capa de enlace de datos concreta estar emparejada arbitrariamente con cualquier cantidad de capas físicas. Dado que puede resultar complicado separar los aspectos físicos y de enlace de datos para una tecnología de acceso concreta, el modelo TCP las combina dentro de una única capa para simplificar.

9.10. Capa de Internet (TCP/IP)

La capa de Red OSI y la de Internet TCP/IP coinciden con bastante exactitud en ambos modelos. Ambas realizan las mismas funciones, consistentes en crear un espacio global de direcciones enrutables y preparar a los routers para asegurarse de que los paquetes encuentren su camino de forma adecuada desde el origen hasta el destino a través de múltiples saltos.

9.11. Capa de Transporte (TCP/IP)

Las características de la capa de Transporte en TCP/IP se distribuyen por las capas de Transporte y de Sesión en el modelo OSI. La capa de Transporte OSI se ocupa del control de flujo y del reenvío de paquetes, mientras que la capa de Presentación OSI gestiona que múltiples aplicaciones puedan funcionar a la vez en múltiples puertos, y también se encarga del establecimiento y finalización de sesión.

La Capa de Sockets Seguros (SSL) del modelo TCP/IP se corresponde con ciertas partes de las capas de Sesión y Presentación en el modelo OSI.

9.12. Capa de Aplicación (TCP/IP)

La capa de Aplicación TCP/IP combina los aspectos no relativos a la seguridad de las capas de Presentación y Aplicación OSI. Aunque muchas aplicaciones TCP/IP se ocupan de cuestiones como la codificación y decodificación de varios tipos de datos, el modelo TCP/IP no ve el formateo de datos como una "capa" separada. En las aplicaciones TCP/IP se utilizan varios métodos de codificación y decodificación de datos, pero TCP/IP tiende a gestionar esas cuestiones a través de librerías de código que las aplicaciones utilizan según sus necesidades.

9.13. Conclusión

A pesar de que el modelo TCP/IP descrito en este libro se utiliza ampliamente como guía de implementación práctica para la creación de las redes TCP/IP, hardware y software, el modelo OSI puede resultarnos útil para estudiar y comparar una gran variedad de arquitecturas de red, desde redes de desarrollo abierto (libres) hasta redes propietarias de un proveedor específico.

9.14. Glosario

ISO: International Organization for Standardization (Organización Internacional para la Estandarización). Un organismo internacional que desarrolla estándares en informática, redes, y muchas otras áreas.

modelo abstracto: Un modelo y conjunto de terminología que se usa para comprender de forma general un área problemática y guiar el desarrollo de estándares e implementaciones para resolver los problemas.

modelo de implementación: Un modelo y conjunto de terminología que se usa para guiar el desarrollo de estándares y realizar una implementación práctica para resolver un problema concreto.

OSI: Open System Interconnection (Interconexión de Sistemas Abiertos). Un modelo de siete capas usado para ayudar a organizar el diseño de varios modelos de arquitectura de red.

9.15. Cuestionario

1. ¿Cuál es la principal utilidad del modelo de red OSI?

   a) Las redes OSI se utilizan en el hemisferio Sur
   b) El enfoque OSI puede ser usado para analizar muchos modelos de redes diferentes
   c) Las redes OSI hacen un uso mejor del ancho de banda cuando este está limitado
   d) Las redes OSI son más seguras

2. ¿Cuántas capas tiene el modelo OSI?

   a) Cuatro
   b) Seis
   c) Siete
   d) Nueve

3. ¿Cuál de las capas OSI se ocupa de la forma que deben tener los conectores para las conexiones de red?

   a) Física
   b) Enlace de Datos
   c) Red
   d) Transporte

4. ¿Cuáles de las capas son las que más se parecen entre los modelos de red OSI y TCP?

   a) La capa de Acceso TCP y la capa de Enlace de Datos OSI
   b) La capa de Internet TCP y la capa de Red OSI
   c) La capa de Transporte TCP y la capa de Transporte OSI
   d) La capa de Aplicación TCP y la capa de Sesión OSI

5. ¿Qué capa equivaldría a la Capa de Sockets Seguros (SSL) de TCP/IP en el modelo de red OSI?

   a) La Capa de Acceso Seguro a Datos (*Secure Data Link Layer* o SDLL)
   b) La Capa de Red Segura (*Secure Network Layer* o SNL)

c) La Capa de Transporte Seguro (*Secure Transport Layer* o STL)
   d) Las Capas de Sesión y Presentación

6. ¿Por qué el modelo TCP combina las capas OSI de Acceso a Datos y Física en una única capa de Acceso?

   a) Porque el modelo TCP no se preocupa de la capa Física
   b) Porque los diseñadores del modelo TCP fueron ignorados en el congreso OSI de 1981, en Utrect, Países Bajos
   c) Porque resulta bastante habitual que el diseño de las capas de Enlace de Datos y Física estén estrechamente relacionados para una tecnología concreta
   d) Para conseguir que el modelo TCP sea más sencillo de entender por los usuarios finales

Capítulo 10

Conclusiones

Se ha dicho que la construcción de Internet ha resuelto el problema de ingeniería más complejo planteado hasta la fecha. El diseño e ingeniería de Internet comenzó hace más de 50 años. Durante ese tiempo ha ido continuamente mejorando y evolucionando, y continuará haciéndolo en el futuro.

Internet conecta actualmente miles de millones de equipos usando muchos miles de routers y conexiones de enlace entre ellos. Internet resulta tan complejo que nunca está plenamente operativo, Internet no trata de ser "perfecto", sino de adaptarse a los problemas, cortes, errores, pérdida de datos, y muchos otros problemas imprevistos. Internet está diseñado para ser flexible y adaptarse a cualquier problema que pueda surgir.

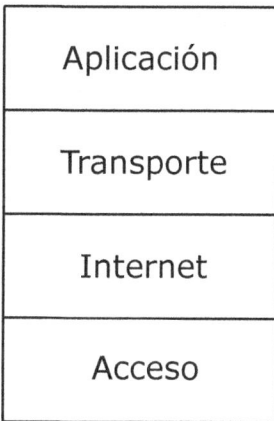

Figura 10.1: El modelo de cuatro capas

Con el objetivo de crear una solución que funcionara a escala global, resultó de gran importancia dividir los problemas de diseño de Internet en cuatro capas distintas:

- La capa Física/de Acceso incluye toda la compleja ingeniería necesaria para mover los datos a través de un único "salto", sin importar si el salto es a través de una red WiFi inalámbrica, Ethernet cableado, fibra óptica o conexión mediante satélite.

- La capa de Protocolo de Internet (IP) sirve para dirigir los datos a través de una serie de saltos para viajar de forma rápida y eficiente desde uno de los miles de millones de equipos de origen hasta uno de los miles de millones de equipos de destino. La capa IP ajusta dinámicamente y redirige los datos basándose en la carga soportada por la red, el rendimiento de la conexión o los posibles cortes. A pesar de que la capa IP es sumamente fiable y rápida, a veces pierde o incluso desecha datos. La capa IP no es la responsable de asegurar la fiabilidad global de la red. Simplemente, desplaza los datos lo mejor que puede.

- La capa de Transporte compensa cualquier imperfección de las capas IP o de Acceso. La capa de Transporte se asegura de que cualquier paquete perdido sea vuelto a enviar y de que los paquetes que llegan desordenados sean colocados en orden antes de ser trasladados a la aplicación receptora. La capa de Transporte también actúa como control de flujo entre las aplicaciones emisora y receptora para asegurarse de que los datos se muevan rápidamente cuando la red sea rápida y las conexiones no estén sobrecargadas, y de reducir el envío de datos cuando se utilicen conexiones lentas o muy saturadas. El flujo de datos y la limitación de velocidad en la capa de Transporte permiten a Internet seguir funcionando con fluidez incluso cuando está densamente cargado.

- Las otras tres capas hacen que el uso de la red sea algo muy sencillo para la capa de Aplicación. Una aplicación puede realizar una conexión de red y enviar/recibir datos en esa conexión con sólo unas pocas líneas de código. Al convertir el uso de la red en algo sencillo, las aplicaciones pueden centrarse en resolver los problemas de los que los usuarios finales necesitan que se ocupen. Dado que resulta tan fácil para las aplicaciones usar la red de modos nuevos y diferentes, hemos podido presenciar la emergencia de una amplia variedad de aplicaciones sumamente innovadoras que funcionan sin necesidad de realizar ningún cambio en los protocolos de Internet.

Si no se hubiera dividido el problema de diseño y construcción de Internet en esas cuatro capas diferenciadas, hubiera resultado mucho más difícil crear y desplegar versiones cada vez mejores de la red. Y si cada aplicación tuviera que ocuparse por si misma de todos los complejos detalles necesarios para usar Internet, se hubiera limitado enormemente la riqueza y diversidad de las aplicaciones en red que tenemos actualmente.

Resulta asombroso darse cuenta de todo lo que se ha conseguido respecto a la construcción de Internet a lo largo de los últimos 50 años. Pero en cierto modo, tan sólo hemos iniciado el recorrido técnico para la creación de aplicaciones en red. No cuesta mucho imaginarse un Internet donde cada interruptor, bombilla, refrigerador, mesa, automóvil, carretera, drone volador, y silla dispongan de una dirección de Internet y puedan comunicarse unos con otros. Aparecerán nuevos problemas de diseño que deberán ser resueltos, y tal vez incluso el modelo de cuatro capas deba evolucionar para satisfacer esos nuevos retos técnicos.

Pero, al igual que ingenieros brillantes diseñaron e hicieron evolucionar protocolos de red para conseguir pasar de tener cientos de equipos conectados a la red a tener miles de millones de equipos conectados, nuestros actuales y futuros ingenieros serán capaces sin duda de resolver los problemas y retos con los que nos enfrentaremos a medida que la red vaya evolucionando para permitir que se conecten billones de dispositivos.

Índice alfabético

.com, 64
.edu, 64
.org, 64

Acceso al medio, capa de, 15, 29
ACK, 21
acuse de recibo, 21
AFRNIC, 53
Aplicación, capa de, 15, 81
APNIC, 53
ARIN, 53
ARPANET, 85
Asignación de direcciones IP, 53
Autoridad de Certificación, 105

código de estado HTTP
    200, 87
    301, 87
    404, 87
CA, 105
Capa
    de Acceso al medio, 15, 29
    de Aplicación, 15, 22, 81
    de Internet(IP), 15, 39
    de Sockets Seguros, 103
    de Transporte, 15, 69, 99
carrier sense, 32
ccTLD, 64
CERN, 23
Certificate Authority, 105
Cifrado César, 100
cifrar, 101
clave asimétrica, 102
clave firmada, 105
clave pública, 102
clave privada, 102

cliente, 23, 74, 83
cliente-servidor, 23
confirmación, 21
control de flujo, 22, 89
cortesía, 22
CSMA/CD, 33

descifrar, 101
desencriptar, 101
detección de colisiones, 32
dirección de difusión, 31
dirección de red, 42, 53
dirección MAC, 31
direcciones de Acceso, 31
direcciones IP, 40
DNS, 63
Domain Name System, 63

encaminador, 7
encriptar, 101
enrutador, 7
escucha de portadora, 32
estación base, 30
Ethernet, 33

firmas digitales, 105

gateway, 30, 31

Hackeando HTTP, 86
host identifier, 42
HTML, 87
HTTP, 83
https, 104
HyperText Markup Language, 87
HyperText Transport Protocol, 83

ICANN, 64
identificador de dispositivo, 42
IMAP, 88
IMP, 7
inicio de sesión remoto, 23
Interface Message Processor, 7
Interfaces de Procesamiento de Mensajes, 7
Internet service provider, 53
Internet(IP), capa de, 15, 39
IPv4, 41, 54
IPv6, 42, 54
ISP, 53

línea arrendada, 5
línea dedicada, 5
LACNIC, 53
LAN, 8
Lenguaje de Marcas de Hiper-Texto, 87
Localizador Uniforme de Recursos, 23

Modelo de Capas, 24
Modelo TCP, 16

network number, 42
NSFNet, 15, 85

paquete, 6
Primeras redes, 5
protocolo, 83
protocolo de correo, 88
Protocolo de Transporte de Hipertexto, 83
Proveedor de servicios de Internet, 53
puerta de acceso, 30, 31
puerto 80, 85
puertos TCP, 85

Red de Área Amplia, 11
Red de Área Local, 8
Redes de almacenamiento y reenvío, 5
Regional Internet Registries, 53

Registrador de Nombres de Dominio, 66
Registros Regionales de Internet, 53
retransmitir, 33
RFC-15 Telnet, 85
RFC-3501 IMAP, 88
RFC-7230 HTTP, 83
RIPE NCC, 53
RIRs, 53
router, 7

secreto compartido, 101
Secure Sockets Layer, 103
Seguridad de la Capa de Transporte, 103
seguridad física, 99
servidor, 23, 74, 83
Sistema de Nombres de Dominio, 63
socket, 92
sockets en programación, 92
Sockets Seguros, capa de, 103
SSL, 103

tamaño de ventana, 22, 71, 89
TCP, 69
telnet, 85
testigo, 34
texto cifrado, 100
texto plano, 100
TLD, 64
TLS, 103
token, 34
Transporte, capa de, 15, 69, 99

Uniform Resource Locator, 23
URL, 23

WAN, 11
Web, 23
WiFi, 30

Made in United States
Orlando, FL
17 November 2021

10502695R00077